万物之生，本乎天地。
子孙之生，本乎祖宗。

广东李氏先祖考

李挺芳 著

暨南大学出版社
JINAN UNIVERSITY PRESS

中国·广州

图书在版编目（CIP）数据

广东李氏先祖考／李挺芳著．—广州：暨南大学出版社，2016.3
ISBN 978 – 7 – 5668 – 1732 – 7

Ⅰ．①广…　Ⅱ．①李…　Ⅲ．①氏族谱系—研究—广东省　Ⅳ．①K820.9

中国版本图书馆 CIP 数据核字（2016）第 002818 号

出版发行：暨南大学出版社

地　　址：中国广州暨南大学
电　　话：总编室（8620）85221601
　　　　　营销部（8620）85225284　85228291　85228292（邮购）
传　　真：（8620）85221583（办公室）　85223774（营销部）
邮　　编：510630
网　　址：http：//www.jnupress.com　http：//press.jnu.edu.cn

排　　版：广州良弓广告有限公司
印　　刷：佛山市浩文彩色印刷有限公司

开　　本：787mm×960mm　1/16
印　　张：9.875
彩　　插：16
字　　数：180 千
版　　次：2016 年 3 月第 1 版
印　　次：2016 年 3 月第 1 次

定　　价：30.00 元

（暨大版图书如有印装质量问题，请与出版社总编室联系调换）

目　录

绪　言

"万物之生，本乎天地。子孙之生，本乎祖宗。"我的祖宗是谁？你的祖宗是谁？

笔者对李氏族谱，过去就心中迷惘。近年来，又对家谱、族谱做了深入探索。在探寻广东李氏先祖、李氏源流时，疑云重重。发觉坊间、网上许多传谱记载屡有差错、矛盾，错认祖宗，子孙不清，地域曲解，兄弟顺序各有说法，生卒年份五花八门，宗祠、志书所记未必可靠，古墓碑刻未必正确，正史所载未必一致，典籍与典籍所记相悖，古文解读仅凭臆想。

主要疑点可归结为四：

第一，中华李姓之源到底怎样？

第二，陇西堂李氏始祖到底是谁？

第三，广东李氏入粤始祖到底是谁？

第四，五邑系李氏入粤始祖、始迁祖到底是何时、循何路径进入与繁衍？

诚然，朝代兴亡，战乱频仍，史料散佚，典籍不继，不同典籍所记各异，执笔者各有其观点，自古如此。与李氏入粤相关的历史，自北宋仁宗景祐三年至今已979年，历经六朝。金元南侵，国破家亡，社会动荡，籍谱何时修？何能存？一般来说，各房各支族谱多是记载本房本支，强房强势，弱房弱势，后人相互传抄，崇尚门第，家谱往往攀附望族，引述不同，谬误难免。现今又已年代久远，记载不详，考证更难。这是可以理解的。

古语云，神不歆非类，民不祀非族。

歆，意为祭祀而神享其气。非本族类，民不祭祀，神也不享用。祭祀错了，并不能得到神灵庇荫。

"祖有功而宗有德"，即便繁难，为人子孙，祖宗还是要知道的。

在求知、求实的驱动下，就为了知道，进入过先秦古籍，进入过二十四史，进入过县志世界，进入过广州家谱查询中心，进入过世界上最大的家谱收藏机构美国犹他家谱学会，徘徊在《永乐大典》《四库全书》的门口，做过亲身实地考察。

考证需要有钻研的耐心,不厌其烦,切莫不求甚解。为了申明出处,追寻出典,追寻原著,本书的考证引用了大量古籍,给出原文,并给出了现代文的解释,再做出评述,以便阅读;为了辨析李联出生时间、入粤时间,做了四种推演;为了辨析李联入粤过程,论证了六条入粤路径;为了辨析胡妃事件,列出了七种说法版本。

本书的考证目的是解答上述疑点,给广东李氏特别是五邑李氏一个经得起推敲、较符合史实的先祖史略,涵盖中华李姓之源、陇西堂李氏始祖和李氏入粤始祖。核心是确认五邑系李氏入粤始祖及其播迁,确认入粤先祖的世系和经历。为此,笔者耗两年多日夜,进行了九个方面的努力:

(1)查阅了大量古籍、正史、杂史、传奇等原著和有关史料。如《尚书》《左传》《史记》《汉书》《旧唐书》《新唐书》《宋史》《建炎以来系年要录》《宋会要辑稿》《山海经》《列女传》《史记索隐》《帝王世纪》《路史》《姓纂》《广州人物传》《宋代广南东路的军队》《中国古史的传说时代》等以及远古、秦、汉、唐、宋、元、明、清、民国等简史常识。

(2)查阅了大量地方志书。如《广州府志》《南海志》《新会县志》《番禺县志》《恩平县志》《阳江县志》《阳东县志》《新宁县志》《南雄县志》《香山县志》《天台县志》等。

(3)查阅对照了大量谱牒。如《道全李公祠族谱》《云步李氏宗谱》《西平堂李氏族谱》和新丰《陇西李氏族谱》,以及台山、开平、江门、新会、鹤山、阳春、阳江、中山、东莞、清远、福建等地李氏族谱家谱。

(4)阅读参考了大量有关论文资料和网上文章。如《李氏源流》《略述我国姓氏起源及演化》《皋陶族属姓氏世系考》《陇西李氏根在狄道而非陇西县》《安政公世系》《考辩銮公和安政公世系》《读羊城道全祠谱的感慨》《广东(江门)五邑李氏直系先祖从属之我见》《有关广东鹤山陈山描述联翁和家族的一些问题》《我族木德与福建木德的主要区别》等。

(5)考证了各地重要的宗祠和墓碑记载。如甘肃陇西李氏祖籍地临洮遗址碑、甘肃陇西县李家龙宫、广东南雄珠玑巷李氏大宗祠、广东台山广海李联墓、李联祖妣朱陈氏夫人墓、李栋墓、栋翁祖妣褟氏夫人墓、李伩(道全)墓、李伩(道全)夫人褟氏墓、李雁云墓、广东阳江市宋上柱国伍公陵墓等。

(6)查阅了公元前8000年至公元前5000年新石器时代史前文化遗址等有关考古学资料。如黄河上中游的仰韶文化、黄河下游和江淮地区的大汶口文化、长江中游的彭头山文化、长江下游的河姆渡文化等。

（7）查阅考证了古今有关州县山河的地理资料。如陇西、陇西郡、狄道（临洮）、襄武县（陇西县）、定西、赣州、南雄、梅关、广州、南恩州、恩平、阳江（鼍阳）、冈州（新会）、新宁（台山）、㵦洲（禠洲）、㵦阳（广海）、海南、海陵山、崖州、崖山、崖门、赣江、章水、浈水、北江、珠江、西江、潭江、鼍江（漠阳江）、榕江（鼍江）、韩江等。

（8）为了掌握原著，笔者特别嘱托小女儿李天青，不辞劳苦周折，通过美国犹他家谱学会，获得完整的影印版《道全李公祠族谱》，并详细阅读。

（9）亲身实地考察了广州市有关古地物、古墓。如广州古地标"清海军楼—拱北楼"、广州宋城遗址、栋祖南迁时的住地广州市高第街素波巷、广州北京路李白巷、清乾隆年间建的广州道全李公祠（原地）、原广东台山迳头乡（今属开平迳头乡）牛山咀或称牛仔山基述祖墓、广州市从化吕田镇李安政墓、广州白云山御书阁温太夫人墓等。还拜访了海内外众多知情老前辈。

掌握众多资料后，首要的是尊重历史，按秦时秦地、宋时宋地、今时今地对史书、典籍、县志、宗祠、墓碑、族谱的记载详加校勘，做出判断。

例如，南宋时，陪都应天府南京是指今河南商丘，是相对于首都汴京（今河南开封）而言，今南京市叫建康（建康府，作为行都，称"东都"）。又如，今时有名的南岳衡山指位于湖南省的今地衡山县衡山，而《山海经》所称的衡山却肯定位于长江之北，有人说衡山即今安徽霍山，也有人说衡山在湖北。

假若用后人之见按字面想当然地解读古人文史，将贻笑大方。其实，按字面想当然，古人也一样犯过！东汉女辞赋家班昭考证时的"名错"："陶子者，皋陶之子也。"就是一例。

要考证，还需：引经据典，要溯源；要读原著、原著；还要谨慎、谨慎、再谨慎。

我国最古老的重要历史文献是《尚书》。"尚书"即上古的文献档案。相传为孔子（前551—前479年）编定。其中《大禹谟》《皋陶谟》《益稷》记载了大禹陈述功业、皋陶陈述谋略以及他们与帝舜的对话。谟，就是谋。

《史记》《新唐书》《宋史》都属于二十四史，这三部正史在西汉、北宋、元朝三个重要的时间节点所做的历史综合，留下了李姓溯源最重要的文字依据。中国第一部纪传体通史是《史记》，是二十四史之首，被公认为是中国史书的典范。该书记载了从上古传说中的黄帝时期，到汉武帝元狩元年，长达

3 000多年的历史。《新唐书》是北宋欧阳修等合撰的一部记载唐朝历史的纪传体断代史书，唐朝是李姓天下，对李姓的考证，《新唐书》是十分重要的史料。特别是《宋史》以及宋代有关史料，详细而丰富，又恰逢李姓南迁入粤时期，很可以为据。

中国最古的文字是商殷时代的甲骨文、金文，但是，据说现在才发现大约有4 500个单字，可识者仅约1/3。甲骨文又是占卜时刻写的大量卜辞，记事文字仅少量。至秦始皇统一文字为小篆，随后才又演变为隶书。毛笔，据说发明于秦始皇时的蒙恬。西汉时期（公元前206—公元8年），虽然已有了麻质纤维纸，但这是很宝贵的。直到东汉元兴元年（105年）蔡伦改进了造纸术，纸才得以普遍用于记载。而在此之前，文字的载体主要还是竹简与木牍。换言之，历经周秦上千年，至西汉时，司马迁看的大量素材如《尚书》《左传》还都是竹简木札，自己书写的《史记》也不是纸质文献。后人转刻，直至抄录于纸本又流传至今，历经两千多年，其间多少辗转沉浮，自不待言，更何况关于五千年前的传说，怎么能准确无误？

况且，在夏朝，虽然有历法；到殷代，开始有干支纪日法；但直至公元前841年西周时，我国历史才开始有明确纪年。黄帝、颛顼、尧、舜、禹这段远古史，怎么能说清楚确切年数呢？

文字、纸、笔、历法的出现年代既是如此，本书考证追溯到的古籍年代最古远者是《管子》《尚书》《左传》，也就仅此而已，这都是考证时需要尊重的客观历史。

传说是文字之母。文字记下了传说和史实，有正史，有杂史。正史不全对，杂史不全错。考证要依据文字，又不能全依据文字。文字之外，就是考古和传说。

地方志书、遗址碑刻需要参照，但更需要考证比对。考证要以史料为根据，而不能以族谱为根据。谱牒，不是结论依据，反是考证的目标。而网上专门论述的"大文章"，甚至相互矛盾，即使说是引自某典某书，也并不一定可靠，千万别全数照搬，还要查看原著，查看不同典籍，比对分析。须知引用文典不同，答案会不同。随便抄来，恐误人误己。

要想"从中华李姓之源到今时的我"连接成连续的世系，恐怕劳而无功。连接出来的连续世系，本身也还是考证的目标。是故，除绪言、结论外，本书考证共分五个部分，前三个部分仅考证三个历史节点的先祖：中华李姓始祖、陇西堂李氏始祖、李氏入粤始祖和广东五邑系李氏始迁祖。鉴于《道全李公祠族谱》的特殊性,第四部分专门做了深入辨析。第五部分考证我族近代先祖。

第一部分是追根溯源,考证中华李姓始祖。

李姓溯源,古今文章都说到皋陶。而皋陶的先祖,有的说是轩辕黄帝;有的说是伏羲;有的说皋陶是帝颛顼的第六子;有的说皋陶既是颛顼的外孙,又是黄帝族女婿;有的说皋陶有人母无人父,是其母吞吃玄鸟卵所化,天生的。

在本部分,对皋陶及其世系做了一番深入考证,摘录了古籍、正史、杂史、传奇、谱牒的各种记载。既然远古时代还没有文字,只有传说,那就再结合考古学依据,进行对照分析,务求客观合理。考证追寻到中华李氏之源,清楚了中华李姓血缘始祖、得姓始祖,清楚了他们的生活时代、身世,明确了谁是正史李姓第一人。

第二部分是追寻陇西堂的根,考证陇西堂李氏始祖。

在本部分,通过对秦汉史、唐史、地理学等典籍文献的查证,区分古陇西、陇西郡、陇西县,认识狄道县、临洮县、襄武县,明确陇西堂李氏的发祥地、祖居地,明确"陇西堂"的来由,确认陇西堂李氏始祖。

通过考证,得知天下李氏,除了陇西房,还有赵郡房。当然,后世历史上,肯定会有既不属陇西房,又不属赵郡房的李姓,还有众多唐朝赐姓李的李氏,这都是题外话了。

第三部分是考证广东李氏入粤始祖,考证的核心是五邑系李氏入粤始祖、始迁祖。

世间流传众多广东李氏家谱、族谱、宗谱、家乘,对李氏入粤始祖记述不一,坊间文章也争执不下。有的说李氏入粤始祖是李联,有的说是李安政;有的说李联是李安政的后代,有的说那是错接世系。对五邑系李氏入粤始迁祖的记述,差别甚至更大。

其中,涉及"崖黎内扰""元崖黎内扰""元崖内扰""金元炽乱""金元作乱"等词语表达的事件;涉及广南东路、广南西路、南恩州、冈州、鼍阳、海陵山、㵲洲、鉈江等陌生地域名称;涉及"岭南监军御史""柱国伍公""岭南第十三将""平崖先锋""广州路刺史""知广州"等衔头;涉及联、梧、凌、垣、栋、侃、徇、怡、安政、明、良、登、丰等李氏以及伍珉、胡妃、贾似道等人物;涉及大量宋明史。

在本部分,详细列出了各家观点,从中可看到:事件扑朔迷离,不求甚解，地域张冠李戴，人物交叉繁杂，乱接先祖世系，时间千差万别，朝代错乱，事因、过程各执一词，两兄弟的族谱竟也如同陌路。

例如，有家谱记，李联生于 1036 年；但有的家谱记李联生于 1147 年。两谱所记，相差 111 年。

又例如，有家谱记，李联自闽率舟师走海路入粤；但有的家谱记，李联经江西过南雄率师走陆路入粤。有的说李联入粤是去雷州半岛或海南；但有的说是去南恩州。

再例如，对于五邑系李氏始迁祖李栋离南雄珠玑巷的南迁，老大家谱记，南迁时间是宋高宗建炎时；但老三家谱记，是度宗朝。老大家谱记，父命家人先南迁到新会，父年老才后迁到新会，父卒葬于新会；但老三家谱记，是父领家人一齐南迁到广州，父卒，父没有到过新会。

有解吗？家族史也是一种历史，历史不是小说，更不似泥巴，可以随意捏。

在本部分，将根据宋明史料、地方志、族谱、墓考、地理学文献和对子孙年龄关系的逻辑推演，多角度地查证对比，抽丝剥茧，充分论证，对李联、李栋、李安政、李文庄、伍珉都做出重要考证，从而解答了有关广东李氏入粤始祖的众多疑惑，获得了较为一致性的、有史为据的结论，纠正了许多错误。还从历史上、形势上、地理上指出，李栋后裔侚、伥为什么会向台山、开平西迁繁衍。

实际上，陇西堂广东李氏并非来自同一位入粤始祖，李氏入粤始祖有多支，五邑系李氏始祖是李联—李栋；从化系李氏始祖是李安政；梅州、潮州等粤东地域李氏始祖应来自福建，本书对此不做详考。我族入粤先祖就是李联—李栋—李伥（道全），属于五邑系李氏。

通过本部分考证，可以看出：族谱常似"村言"；地方志有时不足为凭；墓葬有虚的。

第四部分是《道全李公祠族谱》辨析，是本书考证最直接、最要紧的内容，也是第三部分的延续和深入。

本书考证用相当大篇幅论述了存世的两本广东李氏基础族谱，这就是五邑李氏始迁祖李栋两个儿子的后裔分别修的族谱：老三李伥后裔修的《道全李公祠族谱》，后文简称《道全祠谱》；老大李侃后裔修的《云步李氏宗谱》，后文简称《云步谱》。《道全祠谱》依据的古谱始修于明景泰八年（1457 年），比《云步谱》的始修早 93 年。两谱对后世都有重大贡献，都曾是众多李氏修家谱、族谱的依据，但也都有错误。有关李氏宋代先祖的南迁，佁、侃后裔各抄各谱，而两谱记载又各不相同。

本部分对于两谱所记李氏始迁祖生卒年、入粤时间、入粤原因、播迁过程做了详细比对分析，对当世存在的许多疑点进行了求证、寻源。

如果没有《道全祠谱》原著，李氏入粤与南迁的考证将无法进行下去，广东李氏族谱的记述依据也难以确认。当时，考证工作曾经一度停滞，笔者转而千方百计去寻觅《道全祠谱》。直至最后，从世界上最大的家谱收藏机构美国犹他家谱学会获得完整的影印版《道全李公祠族谱》，考证工作才得以顺利进行下去。

因此，在第四部分，需要全面介绍《道全祠谱》，介绍《道全祠谱》的出版背景，论证俗传的此谱出版时间并不恰当，介绍族谱的内容，摘录出关键段落原文加以详细评述，进一步论证五邑系李氏入粤始祖；另外，对所获的《道全祠谱》后附剪贴文章，也做了详细介绍和评述。经过反复推敲，验证了李氏始迁祖的入粤与播迁，终于查证出众多家谱错接先祖的错误源头，查证出道全李公祠的准确位置。

在第三、四部分，对《云步谱》记述的相关人、事曾做出较深入的考证，对《云步谱》《道全祠谱》的正误都有评述，而通过第四部分专论，则让人们对《道全祠谱》有了一个较全面的、具体的、客观的认识。

通过本部分考证，还可以看出：族谱所记和祠堂中供的神主牌所记有时也不可靠。

第五部分记录了始迁祖李栋以后二十世我族基述祖（道全后裔）世系，这是查证过程拜访众知情老前辈所得的一些抢救性资料，不可再得，他们有的在国外，有的在乡下，有的在广州，散居各地，个别提供资料者书未成而人已作古。本部分记录了我族近代先人的简略史。此外，根据所记录资料做的考证还澄清了个别支派后人的血统问题。

在结论部分，将本书考证所得结果进行了详细归纳，以便让人们对中华李姓、陇西堂李姓、广东李姓历史有一个系统、完整的认识。

在"附录"部分，收入了有关图片 36 幅，这有助于后人的追寻再考，有助于对广东李氏风土习俗的了解。

阅读本书稿，也得要钻研，有耐心，不厌其烦，不妨也做些推演，以加深理解，以指点正误。鉴于结构，有的内容难免重复。也好，逐渐深入，增强记忆。

庆幸的是,辛劳有了回报,疑点获得圆满解答。由此知道了:中华李姓之源,李氏始祖是谁;"陇西堂"的由来,陇西堂李氏始祖是谁;广东李氏入粤始祖有谁;我族李氏入粤始祖、始迁祖是谁,是何时、因何故、循何路径进入与繁衍;《道全祠谱》的全貌;有的族谱、宗谱、文章是如何误导世人的,错误的源头原来如此;厘正了先祖的世系。

本书是考证的总结。虽说是总结,其实,愈考证,欲解之谜愈多。中华民族考证了五千年,记载浩如烟海,谜也如天上繁星。冀望来者从更广泛的资料中更深入地考证,也敬请对本书错漏不足之处进行指正增补。

须知,个人史构成了家史,家史构成了家族史,家族史构成了姓氏史,姓氏史就构成了波澜壮阔、浩瀚多彩的民族史。

每一个人,都会缅怀先人,启迪后代,使民族得以传承。当你吸吮着中国历史的乳汁,当你投入到祖宗的时代,清楚了李姓历史,清楚了自己的身世,知道了自己真正的根,不也其乐融融!

国内外芸芸李氏,以及宋代离广东南雄珠玑巷南迁的其他姓氏,或许也可以从本书考证中受益。

有关广东李氏先祖的考证,前人做过许许多多工作,写下数不尽的文章,他们在蒙眬中探索,尽管受制于条件,仍然取得很多很多成绩;虽有欠缺,也为后人留下了指引,无论如何都是应当肯定、值得尊重的。只是,在本书中,考证要辨析,据实讲话,行文措辞不免有"不敬先人"之嫌,实非愚意。先为顿首谢过!

第一部分　中华李姓溯源

一、皋陶

在追寻中华李姓源流时，无不提及皋陶，李姓溯源就是皋陶。但是，皋陶是谁呢？皋陶之先祖又是谁呢？古今文章众说纷纭。

皋陶，又作咎陶、咎繇、皋繇，生于山东曲阜。生活在尧、舜时代，传说活到106岁。皋陶死，葬皋城（今安徽六安市）。墓冢遗存至今，为六安重点文物保护单位。尧、舜时代，为公元前2300年左右。

下面给出有关古籍对皋陶的一些记载。

《尚书·舜典》载："帝曰：'皋陶……汝作士，五刑有服，五服三就。五流有宅，五宅三居。惟明克允！'"

意思是，帝舜对皋陶说："皋陶，你负责刑罚治理，五类刑各有服法，五种服法各在三处执行。五类流放各有处所，五处所分居三地。要明察区分，公允处理！"

《尚书·大禹谟》载："皋陶曰：'宥过无大，刑故无小。罪疑惟轻，功疑惟重。与其杀不辜，宁失不经。好生之德，洽于民心。'"

意思是，皋陶说："宽恕过失无所谓大，刑罚故意犯法无所谓小。罪有轻重疑问时要轻判，功有轻重疑问时要重赏。与其可能错杀无辜，宁可承担违反常规之过。爱惜生命之美德，与民心相融洽。"

《尚书·皋陶谟》还记载了掌管刑法典狱的皋陶与帝禹论述其治国的谋略。皋陶曰："在知人，在安民。"

《史记·五帝本纪》载："于是舜……乃曰：'皋陶……汝作士'……皋陶为大理。"

意思是，舜帝确任皋陶为"士"，为"大理"，即掌管司法的长官，负责刑罚、监狱的治理。

《史记·夏本纪》也载："皋陶作士以理民。"

《史记·夏本纪》还载："帝舜朝，禹、伯夷、皋陶相与语帝前。皋陶述其谋曰……帝禹立而举皋陶荐之，且授政焉，而皋陶卒……"

意思是，有一次，帝舜升朝，禹、伯夷、皋陶在帝舜前议政，皋陶以长者语气向禹表述其治理国家的理念，也赞赏禹的德行，并一直扶助禹。当禹继舜帝位后，曾推荐皋陶当自己的继承人，并授予皋陶掌政的权利。但是，皋陶在禹帝崩前就先去世了。

皋陶以正直闻名天下，是为中国司法鼻祖。皋陶的执政理念是：知人善任，以民为本；公正廉明，任人唯贤；以德治国，五刑五用；主张疑罪从无，好生之德。皋陶文化为儒家所传，为儒家所承。皋陶被孔子列为上古"四圣"之一。

皋陶子孙世袭了大理职务，并以官为姓，称为理氏。至殷纣王时，皋陶后裔理征因办案公正得罪了纣王，被杀，理征之子理利贞随母逃难于伊侯之墟，因食木子得以生存，遂改理为李。李利贞就成了李姓的得姓始祖。

对于炎黄尧舜时期史话，春秋诸子多有记述。古人早已注明：皋陶生于曲阜，曲阜偃地，故舜帝赐皋陶为偃姓。偃姓亦是嬴姓，"偃"是"嬴"音之转，"偃""嬴"原是一个字。上古"陶"字音与"繇"同，所以皋陶又写作皋繇、咎陶、咎繇。后世文章，有称皋陶为偃姓，另有称李氏出自嬴姓，这是引用不同，各取其意。前人说皋陶生于曲阜少昊之墟，个别则有传他生于山西洪洞县皋陶村。

对于改理为李的说法，后人有异议。曾考证说，"李"字早在五千年前，作为"黄帝李法"的一种职业（刑狱）就已存在，凡作"李官"的人，不排除有人以官为姓，成为最早的李姓。夏、商、西周时代只有刑典官职，并无"大理"或"理"的机构或官职名称。夏商时代所传承的官制当是"黄帝李法"，如以官为姓，当然是"李"姓，而非"理"姓。历代史家以"理"称呼，都是以后来出现的同类性质的机构官职去比附古代类似机构官职名称罢了。例如，春秋时期辅佐齐桓公创立霸业的管仲（前723—约前645年）在《管子·法法》曰："舜之有天下也，禹为司空，契为司徒，皋陶为李，后稷为田，此四士者，天下之贤人也。"唐初儒家学者颜师古擅长于文字训诂、声韵、校勘之学，曾作注云："李者，法官之号也，总主征伐刑戮之事也，故称其书曰《李法》。"本应是"皋陶为李"，到西汉司马迁撰《史记》，改为"皋陶为大理"。

同时，《路史》记载，夏商时期有"李国"，李姓早已长期存在。

该"异议"说，因此，以官为姓，理利贞本就应叫李利贞，不必等到殷纣王时，理利贞随母逃难因食木子（李）得以生存才改理为李氏。认为这是后人附会。

评述：

（1）《管子》《尚书》《史记》都肯定，皋陶是尧、舜时掌管刑法典狱的官。春秋时《管子》曰"皋陶为李"，《尚书》载"皋陶作士"，西汉时《史记》载"皋陶为大理"，都是掌管刑法典狱的意思。

（2）即使"黄帝李法""李官""李国"等说法中"李"字早已存在，以官为姓，早该有"李氏"，但其后世埋没于烟尘。而皋陶子孙以官为姓，称"李氏"或"理氏"，"李""理"相通，并不相悖。《史记》用"皋陶为大理"，更符合当世，并无差错。后裔理利贞逃难改称李利贞，此说来自《新唐书》，可以接受。

（3）有关皋陶生世姓氏，尽管世有所议，但史上实有其人，并非神话。皋陶作为中国司法鼻祖，上古圣贤，未见分歧。后世称皋陶为李姓血缘始祖，称李利贞为李姓得姓始祖，期求有所分别。然称"始"偌多，终归有源，李姓原始之祖，还是皋陶。以皋陶而不以利贞为李姓始祖似乎更妥。

皋陶之先祖又是谁？

二、皋陶先祖

在此，按典籍文章的写作年份，做一下梳理追寻。

1. 据典《史记·五帝本纪》

《史记》是司马迁穷一生精力所编修的伟大史书，大约在征和二年（前91年）基本完成编撰工作。司马迁死后多年，这部不朽名著才公之于世。

《史记·五帝本纪》明载："黄帝者，少典之子，姓公孙，名曰轩辕。""嫘祖为黄帝正妃，生二子……其一曰玄嚣，是为青阳……其二曰昌意……生高阳。""帝颛顼高阳者，黄帝之孙而昌意之子也。""帝喾高辛者，黄帝之曾孙也。高辛父曰蟜极，蟜极父曰玄嚣，玄嚣父曰黄帝。""帝喾娶陈锋氏女，生放勋；娶娵訾氏女，生挚。""虞舜者，名曰重华。重华父曰瞽叟，瞽叟父曰桥牛，桥牛父曰句望，句望父曰敬康，敬康父曰穷蝉，穷蝉父曰帝颛顼，颛顼父曰昌意。"

对于"黄帝者，少典之子"一句，应解为"黄帝者，少典氏族之子"，而不是"少典这个人的儿子"。

《五帝本纪》又载："昔高阳氏有才子八人，世得其利，谓之'八恺'。高辛氏有才子八人，世谓之'八元'。此十六族者，世济其美，不陨其名。至于尧，尧未举用。舜举八恺，使主后土……举八元，使布五教……尧崩……天下归舜。而禹、皋陶、契、后稷、伯夷、夔、龙、倕、益、彭祖自尧时而皆举用，未有分职。"

意思是，高阳氏有八子，谓之"八恺"。高辛氏也有八子，谓之"八元"。此十六族人，虽然美名传世，但直到尧，仍未举用。到了舜帝，才举八恺、八元。而禹、皋陶、契等十人，则自尧时就都得到了举用。

就是说，尧举用了皋陶、禹、契等其他十人，而未举用帝颛顼（高阳）的八个儿子；这等于说，皋陶不是帝颛顼的儿子。上段文字所蕴含的这个意思是确切的。

按《五帝本纪》，可以整理出：

中华人文始祖轩辕黄帝与正妃嫘祖生二子：长子玄嚣（青阳）、次子昌意。

黄帝长子玄嚣的世系是：黄帝—玄嚣（青阳）—蟜极—帝喾（高辛）—放勋（帝尧）。

黄帝次子昌意的世系是：黄帝—昌意—帝颛顼（高阳）—穷蝉—敬康—句望—桥牛—瞽叟—重华（虞舜）。

轩辕黄帝的传位顺次是：黄帝—帝颛顼（高阳）—帝喾（高辛）—帝尧（放勋）—帝舜（重华）—帝禹。

尧把帝位禅让给了他的玄侄孙虞舜。

《五帝本纪》中，黄帝长次二子世系均未提到皋陶。

《五帝本纪》提到帝颛顼子穷蝉的子孙世系，提到帝喾的两子挚、放勋，但帝颛顼（高阳）、帝喾（高辛）的十六族人及子孙世系未见详述。

据此得出：

（1）司马迁《五帝本纪》并未提到皋陶先祖是谁。

（2）《五帝本纪》文意明确，皋陶不是帝颛顼的儿子。

皋陶出自何系？

2. 据典《史记·秦本纪》

《史记·秦本纪》明载："帝颛顼之苗裔孙曰女修。女修织，玄鸟陨卵，女修吞之，生子大业。大业取少典之子，曰女华。女华生大费，与禹平水土。已成，帝锡玄圭。禹受曰：'非予能成，亦大费为辅。'帝舜……乃妻之姚姓之玉女。大费拜受，佐舜调驯鸟兽……是为柏翳。舜赐姓嬴氏。"

意思是，帝颛顼有位后裔叫女修，女修吞吃玄鸟陨下之卵，生子大业。大业娶少典之女子叫女华的，女华生大费。大费辅助夏禹治水平土。帝舜赐予大费姓姚之女子为妻，大费拜受。大费又佐舜调驯鸟兽。大费就是柏翳。舜赐姓嬴氏。

对于"苗裔孙曰女修"一句，唐司马贞解，女修是颛顼之女儿。也有人解女修是颛顼之孙女。但可以肯定的是：女修是颛顼后代，女修是位女子。

上列引文中，"取"即"娶"。"少典之子，曰女华"，应解为少典氏族之女子叫女华，而不是少典的儿子叫女华，也不是少典这个人的女儿曰女华。要不然，大业娶少典之儿子叫女华的，女华生大费。何意？如果少典是一个人，少典之女儿就是黄帝的妹妹，起码是大业的曾祖母辈了，还怎么娶？怎么生大费？

按《秦本纪》，可以整理出：

大业世系是：帝颛顼（高阳）……女修（女）—大业（女修吞玄鸟卵所生）—大费（大业与女华所生）。

大业是帝颛顼（高阳）的外孙辈，没有亲生父亲（母吞玄鸟卵所化，天生的）。大业的儿子是大费，大费就是柏翳，辅助夏禹治水，舜赐姓嬴氏。

据此得出：

（1）司马迁《秦本纪》并未说颛顼生子大业，而是说颛顼之后代女，名曰女修，女修吞吃玄鸟卵，生子大业。

（2）司马迁《秦本纪》并未说大业就是皋陶。

（3）司马迁《秦本纪》说大业的儿子是大费，大费就是柏翳。舜赐姓嬴氏，是为秦之先祖，帝颛顼之后裔。

但是，唐司马贞《史记索隐》在对司马迁的《秦本纪》作注时，却说："正义列女传云：'陶子生五岁而佐禹。'曹大家注云：'陶子者，皋陶之子伯益也。'按此即知大业是皋陶。"

意思是，《列女传》写："陶子五岁时，就辅佐大禹治水。"对此句，曹大家注云："陶子就是皋陶之子，皋陶之子就是伯益。"司马贞说："按此，即知道大业就是皋陶。"

对于此注，顺理成章，便是"皋陶之子伯益五岁时，就辅佐大禹治水"了。

评述：

（1）《史记·秦本纪》是正史，一般认为，正史可信，正史中的注解也一定正确。其实未必。本条目就说明，正史中的注解也未必正确，即使是唐朝的大家司马贞《史记索隐》，也注出了神话。

（2）如果说大业就是皋陶，按前文《史记·夏本纪》介绍，皋陶的儿子就是大费（也叫柏翳、伯益）。舜帝已经赐皋陶为偃姓。舜帝又赐皋陶的儿子为嬴姓。偃、嬴同字，儿子的姓还要帝来赐与父同姓吗？是舜帝故意还是太史公忘记？

帝舜奖励治水有功的大禹时，禹还谦让称幸有大费辅佐才得以成功。于是，帝舜赐予（五岁的）大费姓姚之女子为妻，大费拜受。大费五岁娶妻，神话也没有这样的吧？哪吒、红孩儿娶妻了吗？

（3）按，《列女传》是西汉经学家、文学家刘向所编撰。曹大家就是东汉女辞赋家班昭，即班固妹。班昭嫁到曹家，早年守寡。其兄班固著《汉书》，未成而去世。班昭博学高才，汉帝下诏，令班昭续写完成。她经常出入宫廷，担任皇后和妃嫔的教师，故称"曹大家"。班固的弟弟、班昭的哥哥叫班超，即名闻后世、投笔从戎、曾声言"不入虎穴焉得虎子"的班超。

正如下文所述，刘向校勘了《山海经》，其中记载伯益是禹治水时的得力助手，并继禹任。刘向编撰的《列女传》，其中包括有许多如精卫填海等神话故事。在《列女传》中有句子曰"陶子生五岁而佐禹"，姑且听之。《山海经》《列女传》虽然同经刘向之笔，但刘向只是分别校勘、编撰，两作可以各是各，而不是自己的专著上下册，刘向不必承担"前后需要一致"的写作责任。东汉曹大家对此句注云："陶子者，皋陶之子伯益也。"她看过西汉司马迁《秦本纪》吧？《秦本纪》中有哪一句说或者可以引申说"皋陶之子伯益"？如何圆其说？是否想当然？

司马贞再引申"按此即知大业是皋陶"，不问依据，不问矛盾，只要是佐大禹治水，此子就该是伯益；既说陶子，就必定是皋陶之子。既然又是大业生的大费（伯益），当然大业便是皋陶！

何况，正如释迦牟尼是其母梦象入胁而化，大业是其母吞玄鸟卵所化，大抵圣贤都是没有亲生父亲的。于是乎，皋陶是圣贤，也没有亲生父亲，大业便是皋陶，皋陶就是帝颛顼之后代，是没有疑问的。

此说直至为后世许多谱牒、网文所信，所继承，真不敢苟同。

3. 据典《史记·夏本纪》

《夏本纪》载："夏禹，名曰文命。禹之父曰鲧，鲧之父曰帝颛顼，颛顼之父曰昌意，昌意之父曰黄帝。禹者，黄帝之玄孙而帝颛顼之孙也。"

《夏本纪》还载：帝禹曾举荐皋陶接替帝位，且授予权力，但皋陶早于禹病故。

按《夏本纪》，可以整理出：

禹是颛顼之孙。禹的世系是：黄帝—昌意—颛顼—鲧—禹。

评述：

将司马迁的《五帝本纪》《秦本纪》和《夏本纪》三篇对照，可以认为：皋陶、大业和禹大体是同期人。因而，后人就将女修解为颛顼的女儿，大业就是皋陶。

但是，太史公并未说大业就是皋陶，也没有将女修明确记为帝颛顼之女。

4. 据典《山海经》

《山海经》是中国远古时期一部神话传奇，成书跨度大约从春秋中后期至西汉初，并非一时一人所作。最早的版本由西汉名儒刘向（约前77—前6年）父子校勘而成。

《山海经》载："黄帝生昌意，昌意生韩流，韩流生帝颛顼"，"黄帝生骆明，骆明生白马，白马是为鲧"，鲧生禹，但禹是在父亲鲧的肚子里生出来的。又载："颛顼生老童，老童生重及黎。"

《山海经》也载：禹曾打算让掌管刑法的皋陶接替帝位，但皋陶病故，后由禹治水时的得力助手伯益继任。

按《山海经》，可以整理出：

黄帝子昌意的世系是：黄帝—昌意—韩流—帝颛顼（高阳）—老童—重及黎。

禹的世系是：黄帝—骆明—白马（鲧）—禹。

据此得出：

（1）帝颛顼（高阳）是黄帝之曾孙，不是黄帝之孙。

（2）皋陶曾掌管刑法，因先禹而故，未能继禹帝位。

（3）《山海经》并未提到皋陶身世。

（4）伯益是禹治水时的得力助手，并继禹任。

5. 据典《帝王世纪》

《帝王世纪》是东汉末年至西晋时皇甫谧（215—282年）所撰。《帝王世纪》是专述帝王世系、年代及事迹的一部史书，上起三皇，下迄汉魏。皇甫谧第一次深入探讨了黄帝以前帝王世系，对《史记》等前人叙述不详的史事，尤其是"三皇五帝"的世系及活动进行了考证和补充。

《帝王世纪》载：

"黄帝，少典之子，姬姓也。母曰附宝，见大电光绕北斗枢星照野，感附宝而生黄帝。"

"少昊帝名挚，字青阳，姬姓也。母曰女节……有大星如虹……意感而生少昊，是为玄嚣。降居江水，邑于穷桑，以登帝位，都曲阜。"

"帝颛顼高阳氏，黄帝之孙，昌意之子，姬姓也。母曰景仆……瑶光之星，贯月如虹，感……生颛顼……颛顼生十年而佐少昊。"

"尧……名曰放勋……或从母姓伊祁氏。年十五而佐帝挚。"

"舜，姚姓也。其先出自颛顼。颛顼生穷蝉，穷蝉有子曰敬康，敬康生勾芒，勾芒有子曰桥牛，桥牛生瞽瞍。瞽瞍妻曰握登，见大虹，意感而生舜于姚墟，故姓姚氏，字都君。"

"禹，姒姓也。其先出颛顼。颛顼生鲧……纳有莘氏女曰志……见流星贯昴，又吞神珠，意感而生禹……继鲧治水……尧美其绩，乃赐姓姒氏……生子启。"

"秦，嬴姓也。昔伯翳为舜主，畜多，故赐姓嬴氏……政立为始皇帝。"

按《帝王世纪》，可以整理出：

黄帝是少典之子，姬姓，黄帝母曰附宝。

少昊帝名挚，字青阳，是为玄嚣，建都于曲阜，姬姓，挚母曰女节。

颛顼是黄帝之孙，昌意之子，十岁就辅佐少昊，姬姓，颛顼母曰景仆。

尧十五岁辅佐少昊，尧或从母姓伊祁。

虞舜的世系是：黄帝—昌意—帝颛顼（高阳）—穷蝉—敬康—勾芒—桥牛—瞽叟—重华（虞舜）。舜母曰握登，生舜于姚墟，故姓姚氏。

禹的世系是：黄帝—昌意—帝颛顼—鲧—禹—启。尧赐禹姓姒氏，禹母曰志。

秦始皇姓嬴，是佐舜调驯鸟兽的伯翳后裔，舜赐姓嬴氏。

评述：

《帝王世纪》中：

（1）虞舜的世系、禹的世系与《史记》所载相同，只是把《史记》中的"句望"写为"勾芒"。

（2）少昊帝名挚，字青阳，是为玄嚣，都曲阜。这与不少后人文章考证的山东曲阜少昊帝事迹相似。但《史记》中载：玄嚣（青阳）是黄帝长子，未继帝位；挚是玄嚣（青阳）的曾孙，帝尧的哥哥。《帝王世纪》与《史记》所载不相同。

（3）在各帝王世系中都没有提及皋陶，也没有提及大业。

（4）记载了五帝的母亲，大都是见大电光、见大星如虹、见贯月如虹、见大虹、见流星又吞神珠而感，生黄帝、生少昊、生颛顼、生舜、生禹。圣贤之生卒皆有明显天象。皇甫谧考证可谓深入细腻矣。

（5）内容多采自经传图纬及诸子杂书，但帝王世系却似乎没有采自《山海经》。《帝王世纪》与前辈正史《史记》有同有异，这也是合理的。

6. 据典《元和姓纂》/《姓纂》

《姓纂》的原书是唐代林宝所撰《元和姓纂》，唐宪宗元和七年（812 年）成书，原书久已散佚。后人在清乾隆间纂修《四库全书》时，从明《永乐大典》分载于各卷的有关部分辑出，并加订正而成《姓纂》，传至今世。

《姓纂》载："颛顼生大业，大业生女华，女华生咎繇，为尧理官。"咎繇就是皋陶。

按《姓纂》，可以整理出：

皋陶的世系是：黄帝—昌意—帝颛顼（高阳）—大业—女华—咎繇（皋陶）。

据此得出：

（1）若女华是男，皋陶就是大业的孙子，颛顼帝的曾孙。以轩辕黄帝为一世，皋陶就是六世。

（2）若女华是女，皋陶就是大业的外孙，颛顼帝的曾外孙。

评述：

（1）《元和姓纂》原书是《史记》完成编撰 903 年后才成书，其取材包括私家谱牒，故所述族姓来源未必都翔实准确，连古人也称"《元和姓纂》诞妄最多"。但《姓纂》/《元和姓纂》是谱牒姓氏之学专著，信《史记》，也并非不信《姓纂》。

（2）女华是男是女？母系社会和父系社会都是男女有别的。黄帝时代，该是父系社会了。唐代著作，仍未明确区分男女，这就给后人的世系考证带来不便。

（3）有人说"史书典籍中多称"皋陶为大业。真有那么多"史书典籍"

称皋陶就是大业？如果是，对比《姓纂》，岂不变成"皋陶生女华，女华生皋陶"了吗?!

看来，倒不如说：对比《姓纂》，那些称皋陶为大业的"史书典籍"和文章，等于在说"皋陶生女华，女华生皋陶"。或者，那些称皋陶为大业的"史书典籍"和文章，肯定反对《姓纂》对皋陶世系的说法。

这"大业"到底是谁？

7. 据典《新唐书》

《新唐书》载："李氏出自嬴姓。帝颛顼高阳氏生大业，大业生女华，女华生皋陶，字庭坚，为尧大理。生益，益生恩成。历虞、夏、商，世为大理，以官命族为理氏。至纣之时，理征字德灵，为翼隶中吴伯，以直道不容于纣，得罪而死。其妻陈国契和氏与子利贞逃难于伊侯之墟，食木子得全，遂改理为李氏。"

按《新唐书》，可以整理出：

李氏出自嬴姓。

皋陶的世系是：颛顼—大业—女华—皋陶—益—恩成……理征—李利贞。

这里，女华是男是女未明说。

据此得出：

（1）把颛顼—大业—女华—皋陶……李利贞的血亲关系连接起来。

（2）大业肯定不是皋陶，而是皋陶的祖父（或外祖父）。

（3）皋陶是颛顼的曾孙（或曾外孙），字庭坚，为尧大理。皋陶后裔历虞、夏、商三朝，世为大理。

（4）皋陶子孙世袭了大理职务，并以官为姓，称为理氏。至殷纣王时，皋陶后裔理征因办案公正得罪了纣王，被杀，理征之子理利贞随母陈国契和氏逃难于伊侯之墟，因食木子得以生存，遂改理为李氏。李利贞就成了李姓的得姓始祖。

评述：

（1）北宋欧阳修《新唐书》与《史记》同属正史。《新唐书》也采用了《元和姓纂》的一些内容。前有不详，后可补之，可谓至理。素材取舍，在乎著者。汉司马迁、宋欧阳修都是千古名士，谁可评说？

（2）"李氏出自嬴姓"，"帝颛顼生大业，大业生女华，女华生皋陶，字庭坚"，"皋陶后裔世为大理，以官命族为理氏，至纣王时，后裔理征因正直获罪而被处死，理征妻陈国契和氏与子利贞逃难于伊侯之墟，食木子得全，遂改理为李氏"。看来，后人的此三说是引用自《新唐书》。

8. 据典《路史》

《路史》是南宋罗泌所撰。此书为杂史。后人评介："详述了有关上古时期的历史、地理、风俗、氏族等方面的史事和传说，是神话历史集大成之作。虽然资料丰富，但取材繁博庞杂，很多材料来自纬书和道藏，神话色彩强烈，故向来不为历史学家所采用。但是此书在中国姓氏源流方面的见解较为精辟，常被后世研究姓氏学的学者所引用。"

《路史·高阳氏》载："帝颛顼，高阳氏，姬姓，名颛顼，黄帝氏之曾孙，祖曰昌意。"

《路史·陶唐氏》载："帝尧，陶唐氏，姬姓……是曰放勋……以天下为忧，务求贤圣，爰得稷、契、夷、皋、朱、斨、伯誉，群龙辅德。"

《路史·有虞氏》还载："帝舜，有虞氏，姚姓，瞽子，五帝之中独不出于黄帝……皋陶为士，以五服、三次、五宅、三居之法政五刑……"

按《路史》，可以整理出：

帝颛顼的世系是：黄帝—昌意—昌意子—颛顼。颛顼又成了黄帝之曾孙，颛顼祖父曰昌意。

帝尧是曰放勋，得皋陶等人辅佐。

帝舜任皋陶为士，负责刑罚治理。

帝舜，瞽之子，是五帝之中独不出于黄帝的。瞽也不出于黄帝。

没有提及皋陶世系。

评述：

（1）帝尧是曰放勋，得皋陶等人辅佐。帝舜任皋陶为士，负责刑罚治理。此说在各典各文均无异议。

（2）按时间先后排列，各典成书的顺序是：

《管子》—《尚书》—《左传》—《史记》—《山海经》—《帝王世纪》—《元和姓纂》—《新唐书》—《路史》—《姓纂》。

司马迁编撰《史记》，参阅了《管子》《尚书》《左传》等大量春秋时期著作，还到各地进行过考查实证，听取传说。当然，《山海经》虽尚未经刘向校勘，但其中传说，司马迁必定也是知晓的。《史记》没有放弃传说。刘向校勘《山海经》，他即便看过《史记》，也不能重写《山海经》。《新唐书》是正史，但欧阳修也引用了《元和姓纂》。罗泌肯定看过《史记》，他不修正史，却编成路史，也算是大创作。

《史记》说：帝颛顼是黄帝之孙，颛顼父曰昌意；而《路史》说：帝颛顼是黄帝之曾孙，颛顼祖曰昌意。《史记》说：帝舜出于黄帝，是颛顼之第七代孙；而《路史》说：帝舜是五帝之中独不出于黄帝的。

还是信太史公吧！

9. 据族谱

（1）据《西平堂李氏族谱》。

此族谱为原籍湖北的某李氏家残留的线装古旧本，或许是清代至民国时期所印，已颇残破，但文字清晰连续。该族谱中《李氏世系图》（见附录图2）记载：

黄帝（姓公孙，名轩辕）—少昊、玄嚣、昌意—颛顼—太业—女莘—皋陶（字廷坚）—益—思成……（世为大理，以官命氏遂写理氏，历三十世至征）征—利贞（逃难于伊侯之墟，因食木子存遂改理为李氏）—昌祖—彤德—硕宗—乾（字元杲）—耳（字伯阳，一字聃）—宗（字尊祖）—同—兑……

按此族谱，可以整理出：

皋陶世系是：黄帝—昌意—颛顼—太业—女莘—皋陶—益—思成……30世征—利贞。

黄帝有三子：长子少昊、次子玄嚣、三子昌意。

皋陶父、祖父分别为女莘、太业，而非女华、大业，但其与黄帝、颛顼之间辈分关系与《姓纂》相同。

评述：

① 汉司马迁记黄帝与嫘祖有二子：长子玄嚣（青阳）、次子昌意。

唐司马贞考证黄帝与嫘祖有三个儿子：长子玄嚣（少昊）、次子青阳、三子昌意。玄嚣与青阳是两个人，玄嚣就是少昊。

此族谱记黄帝有三子：长子少昊、次子玄嚣、三子昌意。此族谱与《史记》《史记索隐》都不同。

② 唐司马贞说，《史记》有误。司马贞是唐开元年间著名的史学家，称"小司马"，主管编纂、撰述和起草诏令等，著有《史记索隐》。司马贞对《帝王世纪》论及三皇时，曾诘难该书作者西晋皇甫谧，说：太史公生年早于诸人，司马迁都说"神农以前……吾不知已"，为什么皇甫谧等反而知之？

既如是，太史公认为黄帝有二子，小司马怎么知道黄帝有三子？

③ 司马迁、司马贞都是著名的史学家，《史记》《史记索隐》都是伟大的史书。史书有误，瑕不掩瑜！

（2）据《道全李公祠族谱》。

《道全祠谱》中，有一篇序，名《陇西李氏世系记》，为明嘉靖三十三年（1554 年）出身进士的何孟伦撰，何进士写道："其初，帝颛顼高阳氏，有才子八人，其六曰庭坚。初，陶于雷泽，舜擢为大司理，造律执中，封于皋，是为皋陶。"

按此序：皋陶是帝颛顼的第六子，曰庭坚，起初，在雷泽制陶，后被舜提拔为大司理，办案公正，不偏不倚，受舜封于皋，是为皋陶。用现代文写就是：原职业制陶，后受封于皋，故名为皋陶。不知这是否也属"按字面想当然"？不再考。

《史记·五帝本纪》没有说帝颛顼（高阳）八子的名字，没有说其第六子叫庭坚。但是，《史记》文意明确，皋陶不是帝颛顼的儿子。何进士该读过《史记》吧？看来，何进士是不信《史记》的。

《新唐书》更指明，皋陶不是帝颛顼的儿子。说"帝颛顼生大业，大业生女华，女华生皋陶，字庭坚"，而何序说"帝颛顼第六子曰庭坚"。何进士该读过《新唐书》吧？看来，何进士也是不信《新唐书》的。

此序与上述史料截然不同，姑妄听之。

10. 据网上文章

（1）《李氏源流》。

此文写：以公孙少典为一世，少典之子黄帝为二世，昌意为三世，颛顼为四世……皋陶为七世……李利贞为三十四世……李世民为九十世……福建李氏。

按此文可得皋陶世系：

黄帝—昌意—颛顼—大业—女华（大业子）—皋陶（女华子）—伯益（舜帝赐了嬴姓）……李利贞。

此文皋陶世系恐也引自《姓纂》，而且肯定女华是男子，大业就是皋陶的祖父。

有不少文章以《姓纂》为准则，都写道：颛顼有一子曰大业，大业生女华（另有文记为女莘、女莝），女华生皋陶。

（2）《略述我国姓氏起源及演化》。

此文写：李氏起源，根据历史显示，黄帝之子留意生子颛顼，颛顼生大业，大业生女华，女华生皋陶，皋陶生元旦，元旦生畎成，畎成的子孙在虞、夏、商各朝代，俱任"大理"职……

此文把昌意记为留意。皋陶儿孙变了，皋陶世系成了：

黄帝—留意—颛顼—大业—女华—皋陶—元旦—畋成……李利贞。

（3）《皋陶》。

这是网上文章，对皋陶做专题介绍。

此文称："皋陶……史书典籍中多称为大业。"又说："实际上，大业与皋陶并不是同一个人，益、伯益、伯夷也不是同一个人。"

此文称其真实的家族世系是：

黄帝—玄嚣—蟜极—业父—大业—伯益……秦始皇。

黄帝—玄嚣—蟜极—帝喾—陶父—皋陶……李世民。

对比《史记》玄嚣的世系：黄帝—玄嚣—蟜极—帝喾—帝尧。

对比《史记》昌意的世系：黄帝—昌意—颛顼—穷蝉—敬康—句望—桥牛—瞽叟。

对比《姓纂》皋陶世系：颛顼—大业—女华—皋陶。

如此对比，便有：皋陶是尧的侄子，陶父与尧是两兄弟。该文皋陶与《姓纂》皋陶辈分相同，但该文皋陶父、祖父就不是女华、大业，不是昌意—颛顼帝（高阳）系的后代了。这些文章与《姓纂》对照，该注为：陶父就是女华；要不然，陶父就是女华的丈夫。

（4）《皋陶族属姓氏世系考》。

这是网上一篇关于皋陶姓氏世系考证的文章。此文称："就皋陶的族属、姓氏、夏商有无李姓、世系不清几个方面，做个论证性的说明"，理清了皋陶的世系，理清了"女修、女华和大业、大费"的关系。

此文称："皋陶，《路史》记载……是父亲大业娶女华所生。"

此文又称，今人考证说："颛顼妾生穷蝉，穷蝉女儿女修嫁东夷……生皋陶（大业）。大业娶黄帝族女华，生子伯益（大费）。"

于是，此文指出："女修和女华是婆媳关系，大业、大费是父子关系……皋陶既是颛顼的外孙，又是黄帝族女婿。"

此文还说："肯定皋陶属于东夷族，并为东夷首领，则皋陶世系必始于伏羲。伏羲是上古三皇之一，是中华人文始祖，也是李氏世系的始祖，距今八九千年了。"

此文结论认为：

"皋陶的世系：

母族是：少典—黄帝（约5000年）—颛顼—穷蝉—女修—女华—伯益。

父族是：太暤—少昊（与黄帝同时代）—皋陶父—皋陶（约4200年）—伯益。"

评述：

① 该文引《路史》记载，称"皋陶是皋陶父大业娶女华所生"。其实，《路史》原文并无此记载。而《史记·秦本纪》记载大业娶女华所生的是大费。可见，网文勿全信，原著才为准。如果真载"皋陶是皋陶父大业娶女华所生"，该文接着又说"女修生皋陶（大业）"，皋陶就是大业，那不变成"皋陶父大业生皋陶（大业）"即"皋陶生皋陶"了吗？怎么回事？

② 该文说"皋陶既是颛顼的外孙"，其实，按该文，此句应改为"颛顼的曾外孙"。

按该文，"颛顼—穷蝉—女修—女华—伯益"，应改为"颛顼—穷蝉—女修（女）—皋陶（妻女华）—伯益"；"少昊—皋陶父—皋陶—伯益"，应改为"少昊—皋陶父（妻女修）—皋陶（妻女华）—伯益"。

可见，看网文，要分析，勿为文章大标题所误导。

③ 该文考证结论认为：皋陶子就是伯益，伯益就是大费。皋陶祖父是东夷氏族首领少昊，皋陶母亲女修是颛顼的孙女，皋陶既有东夷氏族血统（父族），也有黄帝氏族血统（母族）。皋陶还娶了黄帝族的女子女华为妻，生下伯益。

该文还认为：肯定皋陶属于东夷族，则皋陶世系必始于伏羲。伏羲也是李氏世系的始祖。

反正，皋陶既是颛顼后代，又是黄帝后代，也是伏羲后代。伏羲还是李氏世系始祖。这篇考证，左右逢源。

该文还特别注明了黄帝"（约5000年）"，黄帝第五代皋陶"（约4200年）"，按该文前面意思，这里注的年份应是"距今"之数，但不知道这文作者怎么去考这五代竟能经历800年？如何就"理清了皋陶的世系"？

④ 网文大抵是可以随便写的。如果"皋陶就是大业"，对比《姓纂》皋陶世系：颛顼—大业—女华—皋陶，真变成"皋陶生女华，女华生皋陶"了！这里，当然不是拿《姓纂》做准绳，只是对比某些"典籍"和网文考证，都觉得可笑而已。

网上也有"大业非皋陶"的评论文章，说："司马迁之前没有人称皋陶为大业，司马迁并不认为皋陶与大业是同一人……皋陶、伯益同属古东夷人少昊（玄嚣）系部族，但非父子关系。大业不是皋陶。"

乱成一团了！

11. 据书《中国古史的传说时代》

《中国古史的传说时代》是当代古史学家、考古学家徐旭生（1888—1976年）的专著，共302页。初版于20世纪40年代，现据文物出版社1985年10月增订本第一版作述。

徐老先生1913—1919年留学法国巴黎大学，1921年后在北京大学任教，曾任中国科学院考古研究所研究员。此书主要从大量古代文献和考古发掘两方面入手，并结合相关民间传说，实地调查，力图考证有文字记载之前的中国古史传说，着重对我国古族三集团、"三皇五帝"等问题进行剖析。

据此书，可归纳出：

（1）古代中国部族大致可分为华夏、东夷与苗蛮三大集团。随着历史的发展，三大族血统与文化逐渐交互错杂，终于同化，至春秋战国时代，华夏、东夷与苗蛮早已同化完全，形成华夏文化。

（2）华夏集团的先祖是少典氏族，少典不是一个人的名字，而是一个氏族的名字（国号）。发祥于陕西省黄土高原。少典氏族又分出黄帝、炎帝两个氏族。后来，黄帝氏族向东偏北迁移，炎帝氏族向东偏南迁移。华夏族地处陕西、山西、河南黄河中游两岸中原至河北等地区。炎帝绝不是神农，把炎帝称为神农始自战国时学者的说法。

（3）东夷集团有太皞（或作太昊、大皞）、少皞（或作少昊、小皞）、蚩尤等氏族，其地域为山东、河南、安徽及其东部沿海地区。把太皞视为伏羲，是齐鲁学者的说法，实际并非如此。黄帝杀蚩尤后，选了一个叫清的人仍居住在少昊这个地方继续统领蚩尤原部，以地为名，也叫少昊。少皞氏族的图腾是鸟。统一中国的秦，嬴姓，本是来自东夷集团少皞氏族。

（4）苗蛮集团的地域为长江中游两岸的两湖及江西地区。伏羲、女娲就属于苗蛮集团。三苗氏族也是这个集团的一个主要氏族。

（5）皋陶出于东夷集团少皞氏族。皋陶的"皋"仍是少皞的"皞"。皋陶偃姓。少皞嬴姓。"偃""嬴"原是一字。认为伯益是皋陶的儿子的说法不可靠。伯益是一个氏族首领。

（6）颛顼为高阳氏，居住地在今河南濮阳。从文化上说，颛顼属华夏集团，但受东夷集团影响很深。至于从血统看属于何集团，却不能判断。

（7）五帝不过是战国末期的说法。当时社会氏族林立，中国并不一统。尧、舜、禹以前，兴盛氏族的首领得以传名后世，成为一个时代。炎帝、黄帝、太皞、少皞等名，可以是指氏族首领这个人，有时候又指他的氏族，这个名字可以绵延几百年。所以，五帝相承，并非五个氏族首领连续相继承。但是，尧、舜、禹三人还是时代相接、互有关系的。战国时齐鲁学者因时代学术昌明，要来一个大综合、大系统，先定五帝概念，再选五位帝的名字去填充，从而完成"三皇五帝"之说。

按：对于"三皇五帝"，在不同的古籍中有不同的选择。三皇，是指伏羲、神农、黄帝（或女娲，或燧人）；五帝，多数古籍是指黄帝、颛顼、帝喾、帝尧、帝舜。

（8）颛顼以前，还没有历法，颛顼以后数百年，至尧、舜、禹时代，历法才逐渐成熟。西晋皇甫谧及后世治古史的人，怎么能把炎帝、黄帝、少皞、颛顼都记载得有年数？

12. 考古学依据

中国史前文化有大量考古学依据。在黄河上游、黄河中游、黄河下游、长江中上游、长江下游、淮河流域、太湖和两浙地区、东北地区都有前8000年至前5000年的新石器时代文化遗址。有代表性的如：

（1）分布于黄河上中游地区，以陕西关中为中心的仰韶文化，时间大约在前7000年至前6000年。更早的有位于甘肃省天水市的大地湾文化，存在于约前60000年至前4800年，依次经历了原始狩猎采集、发达狩猎采集、原始农业和成熟农业四个经济发展阶段，属于新石器时代早期。

（2）分布于黄河下游山东省和江淮地区的大汶口文化，时间大约在前4300年至前2500年，他们从事着以种植粟为主的原始农业生产，饲养家畜，同时渔猎。更早的有位于山东泰沂山系北侧的后李文化，年代大约在前8500年至前7500年。

（3）分布于长江中游地区，以湖南省北部为代表的彭头山文化，时间大约在前8200年至前7800年，彭头山遗址的文化面貌，与以往所发掘过的新石器时代文化面貌完全不同，在彭头山，发现了世界上最早的稻作农业痕迹——稻壳与谷粒。

（4）分布于长江下游以南的河姆渡文化，时间为前5000年至前3300年，河姆渡文化大量使用耒耜农具，社会经济以稻作农业为主，兼营畜牧、采集和渔猎，在遗址中普遍发现有稻谷、谷壳、稻秆、稻叶等，建筑形式主要是栽桩架板高于地面的干栏式建筑，与中原地区的仰韶文化并不相同。

（5）实际上，远在五六千年前的新石器时代，广东台山地区也已经有人类活动。1982年11月，在广海甫草山塘村南面沙滩高地，发现沙丘遗址。经考古鉴定是新石器时代的文化层。社会经济以渔猎、捕捞为主，兼营农业。以石奔、石凿、石网坠等为生产工具，以夹砂粗陶器为生活用具和装饰物。他们是台山人的老祖宗。

从这些考古学依据看，能总结出谁是谁的后代吗？显然相反，各地域的文化是独立的，不是从此迁至彼的，不是从此分封至彼的，不是同一个人生的。

三、辨析

1. 文典归纳

为了追寻尽可能早的记载，上文罗列了大量文典，骤然一看，使人有如坠五里雾中。但为了溯源，不得不钻进去，以求究竟。

兹将上述与皋陶世系有关的主要典籍和主要网上文章记载整理成表1、表2，以便分析。可以看出，对皋陶世系的记载、说法五花八门，相互矛盾。

归纳起来，对皋陶世系主要有三种说法：

第一种说法，皋陶世系是：黄帝—昌意—颛顼……女修—大业（皋陶）—大费（伯益）。

皋陶是黄帝—昌意—颛顼的后代，是帝颛顼的女儿（或孙女）女修吞吃玄鸟卵所生。皋陶是天生的，有人母无人父。大业就是皋陶，皋陶娶黄帝族的女华生子大费，大费就是伯益。

此说根源于唐司马贞对西汉司马迁《史记·秦本纪》的注释《史记索隐》，尽管司马迁《史记·秦本纪》并未说大业就是皋陶。

第二种说法，皋陶世系是：黄帝—昌意—颛顼—大业—女华—皋陶—益……理征—李利贞。

皋陶是黄帝—昌意—颛顼的后代，是帝颛顼的曾孙辈。大业不是皋陶。

此说法根源于北宋欧阳修的《新唐书》。《新唐书》采信了唐林宝的《元和姓纂》。

第三种说法，皋陶出于东夷少皞氏族，是一个氏族首领，与炎黄氏族无关，与黄帝—昌意—颛顼的世系无关。大业不是皋陶，伯益不是皋陶儿子，伯益也是一个氏族首领。

此说来自当代徐旭生专著《中国古史的传说时代》。该书的特点是证之以考古学上仰韶、大汶口与屈家岭文化的分布、交流与融合情况。

表1　与皋陶世系有关的主要典籍记载

时间	作者	文典	记载
西汉	司马迁	《史记·秦本纪》	帝颛顼……女修（女）—大业（女修吞玄鸟卵所生）—大费（大业与女华所生）
西汉	刘向	《列女传》	陶子生五岁而佐禹
东汉	班昭	《列女传注》	陶子者，皋陶之子伯益也
唐	司马贞	《史记索隐》	大业是皋陶
唐	林宝	（元和）《姓纂》	黄帝—昌意—颛顼—大业—女华—咎繇（皋陶）
北宋	欧阳修	《新唐书》	颛顼—大业—女华—皋陶—益—恩成……理征—李利贞
（清）①		《西平堂李氏族谱》	黄帝—昌意—颛顼—太业—女莘—皋陶—益—思成……30世理征—李利贞
现代	徐旭生	《中国古史的传说时代》	皋陶出于东夷少皞，是一个氏族首领；伯益是皋陶儿子的说法不可靠；伯益是一个氏族首领

表2　与皋陶世系有关的主要网上文章记载

文章	记载
《李氏源流》	黄帝—昌意—颛顼—大业—女华（大业子）—皋陶（女华子）—伯益（舜赐嬴姓）……李利贞
《略述我国姓氏起源及演化》	黄帝—留意—颛顼—大业—女华—皋陶—元旦—畋成……李利贞
《皋陶》	黄帝—玄嚣—蟜极—业父—大业—伯益……秦始皇 黄帝—玄嚣—蟜极—帝喾—陶父—皋陶……李世民

---

① 时间不确定。

（续上表）

文章	记载
《皋陶族属姓氏世系考》	母族是：少典—黄帝—颛顼—穷蝉—女修（女）—皋陶（大业，娶黄帝族女华）—伯益（大费） 父族是：太暤—少昊—皋陶父（妻女修）—皋陶（大业，妻女华）—伯益
《大业非皋陶辨》	皋陶、伯益同属东夷，非父子关系；大业不是皋陶

2. 中华李姓血缘始祖

1993 年 9 月，笔者有幸到陕西桥山黄帝陵朝圣。曾想：汉族姓百家，都是黄帝所生？

按照传统观念，皋陶出自颛顼，出自黄帝，十分正统。因为颛顼是远古名帝，黄帝是中华人文始祖。但是，为什么后世只称皋陶为李姓血缘始祖而不称颛顼为李姓血缘始祖？为什么不称黄帝为李姓血缘始祖？

神游古海，终于领悟，不可能从古籍史书中查证出皋陶先祖！

真实历史应该是这样的：

中国古代氏族林立，在黄河流域、长江流域广袤大地上，可以将各部族大致分为华夏、东夷与苗蛮三大集团，各有其地域，各有其文化，各有其首领。在文字、历法都没有成形的时代，少典、炎帝、黄帝、太暤、少昊等名，多半是指这个氏族；有时候，这个名字又指这个氏族首领个人。这个名字可以绵延几百年。"三皇五帝"之说，并非这些氏族首领连续相继承，年数可记。儒者以天地人三才、水火木金土五德配上古圣君，遂有"三皇五帝"之谓也。

嫘祖生二子也好，三子也好，遥远的东方还是个谜，谈不上征服，更非一统，黄帝怎么能封自己儿子少昊到山东去当帝呢？许多个百年之后，皋陶可以去尧、舜朝中当官；嫘祖时，黄帝儿子少昊是不可以到山东去当帝的。那时，中华大地，绝不是只有黄帝一氏。山东是别的氏族的地盘，江南又是另外氏族的地盘，他们都有自己氏族的首领。天下百姓，不是都出于黄帝一人或一氏族。

看来，李姓溯源至皋陶，尚有据可查，再向前溯就虚无缥缈了。探寻皋陶先祖的结果，得出："皋陶是东夷少暤氏族一个首领"，此说或者是个有力考证。所以，唐玄宗李隆基也必定考据有度，才认皋陶为李姓始祖，于天宝二年（743 年）追封皋陶为李唐皇朝第一帝"德明皇帝"（《新唐书·本纪第五》）。

李姓血缘始祖是皋陶，皋陶是黄河下游东夷少皞氏族一个首领。

北宋欧阳修的《新唐书》说，皋陶后裔理征"以直道不容于纣，得罪而死。其妻陈国契和氏与子利贞逃难于伊侯之墟，食木子得全，遂改理为李氏"。此说法可以采用。

3. 李姓第一人

有文章说，正史李姓第一人是春秋时期李耳。

但是，据《新唐书》，李姓得姓始祖是李利贞。难道"李姓得姓始祖"不是"李姓第一人"？李耳的父亲李乾不是比李耳更早姓李吗？李耳父亲李乾的先祖不就是李利贞吗？何必做文字游戏，选一位名气大的道教创立者老子李耳来做"李姓第一人"？

《新唐书》就是正史。正史李姓第一人就是得姓始祖李利贞。史上最有名气的李姓第一人是李耳。

四、小结

通过对古籍、正史、杂史、传说、谱牒、考古成果的考证和对照分析，可以认为：

（1）中华李姓血缘始祖是皋陶，生于山东曲阜，葬于皋城（今安徽六安市）。《管子》《尚书》《史记》都肯定，皋陶在尧时已获举用，舜帝确任皋陶为"士"，为"大理"，是掌管刑法典狱的官。

（2）中国古代氏族林立，皋陶是中国黄河下游东夷少皞氏族一个首领，与黄河上中游炎黄氏族血缘无关。

（3）《史记·五帝本纪》《新唐书》都明确，皋陶不是帝颛顼的儿子。

（4）李姓得姓始祖是李利贞，也是正史李姓第一人。李利贞，生活在商朝殷纣王时代，其父是皋陶后裔理征。

（5）理征因正直得罪纣王被处死，理征妻与子理利贞逃难于伊侯之墟，食木子得全，遂改理为李氏。

第二部分　陇西堂李氏

一、陇西堂李氏根基

1. 陇西县与临洮县

笔者少年时，曾亲眼目睹先父手书先祖神位牌，正中是"陇西堂上李门历代祖先神位"，左右是祖父母和曾祖父母。现在，许多李氏家中仍有这样的神位牌供奉在堂中（见附录图19、图20）。稚子心，不识"陇西堂"。1965年，从东北沈阳西迁"三线"，恰在西北甘肃兰州献出了青春二十年，数不清经过陇西站多少次。在陇海铁路上，过了宝鸡，火车吃力地爬坡，西入甘肃，第一大站是天水市，过两个小站，便是陇西县。然后再向西北是定西市，接着就到兰州市了。此程是个艰难缓慢升入高原的过程，窗外，从墨绿渐变成满目黄土。每次到达陇西站，内心都闪现着"陇西堂"的神秘感。

如今，网上大量文章谈到陇西堂，还有今天甘肃省定西市陇西县的"李家龙宫""陇西堂"照片。据云，1992年6月，陇西县把仁寿山公园修建的"大雄宝殿"匾额拆除，换成了"陇西堂"，又把巩昌祖师庙改建成了"李家龙宫"（见附录图4）。陇西县的网上登载了不少有关文章，如《李唐的祖籍和郡望》《寻根敬祖陇西堂》等，广东南雄珠玑巷整修了李氏大宗祠（见附录图5、图7），吸引着许多海内外陇西堂李氏后裔去陇西县、去南雄寻根问祖。

然而，在今天甘肃省定西市临洮县，还有一个叫"陇西李氏祖籍临洮联谊研究会"的组织，也在不遗余力挖掘陇西堂李氏的根。临洮县在陇西县的西北方向，兰州市的南面约六七十公里处。在兰州与临洮之间稍偏东面的位置上，有座名山，叫兴隆山，属榆中县，现为国家级自然森林保护区。南宋理宗时（1226年），成吉思汗攻打西夏，曾在兴隆山屯兵、整军、疗养，后病逝于兴隆山，其衣冠和兵器用物安放于此。后移至成陵供奉。1939年，为避免日寇劫掠成陵文物，将之迁往兴隆山，密藏于大佛殿内。1949 年 8 月又迁往青海塔尔寺。1954 年，内蒙古才迎回，安放在新建的成吉思汗陵。1942 年，在兴隆山修建有蒋介石行宫。可见，该地区本是个好地方。笔者曾两游兴隆山，常听闻临洮，却未识临洮。今天，临洮县、陇西县同属定西市。

陇西堂李氏根基究竟怎样？根就在今天的陇西县吗？还是遵循秦时秦地、宋时宋地、今时今地的原则，历史地看看。

2. 陇西、陇西郡与狄道县

我国西北部六盘山的南段别称陇山，古代指称陇山以西的地方为陇西，又称陇右。春秋五霸之一的秦穆公（前 659 —前 621 年在位）称霸西戎，统一了陇山以西许多戎狄部落和小国，将今天甘肃省天水、岷县、临洮一带地域纳入秦国版图。周安王十八年（前 384 年），秦献公在位于兰州市南面的今临洮县处建立狄道县。到前 280 年，秦昭王在以上地区设置陇西郡，郡治就在狄道。这是有陇西郡建制的初始。先建狄道县，后置陇西郡。

公元前 221 年，秦嬴政平定天下，自称始皇帝之后，总结周朝分封诸侯全国战乱纷纭复杂的教训，遂决定废除分封制，实行郡县制，分天下为三十六郡，郡大县小，法令一统。仍置陇西郡，治所未变，在狄道。第二年，秦始皇巡陇西郡。这在《史记·秦始皇本纪》上都有明载。当时，陇西郡辖地相当于如今的兰州市、定西市、天水市、陇南地区一部和临夏一部的总和。

到了前 205 年，汉高祖在今陇西县处设置襄武县。在设置陇西郡、郡治狄道 500 年后，220 年，魏文帝将陇西郡治由狄道迁至襄武。又过了 870 年，至宋哲宗元祐五年（1090 年），才将襄武县更名为陇西县，即是今天的陇西县。

民国十八年（1929 年），狄道县改称临洮县。

可见，古陇西、陇西郡、陇西县是不同的概念。古陇西是泛称陇山以西的一大片地方；陇西郡是公元前 280 年秦昭王设置的郡，辖地广泛，郡治在狄道县，今称临洮县；陇西县是今天甘肃省定西市的一个县，初称襄武县，汉高祖时所设置，北宋哲宗时才更名为陇西县。

二、陇西堂李氏始祖

有《姓氏起源》一文，认为陇西堂李氏始祖是春秋时期李耳的儿子李宗。李宗由陕西迁居陇西，为陇西堂。但是，多数文章说，陇西堂始祖是李崇。

陇西堂李氏的由来到底怎样?

《史记·老子韩非列传》载:"老子之子名宗,宗为魏将,封于段干。"

《新唐书·宗室世系》载:

利贞……乾……生耳,字伯阳,一字聃,周平王时为太史。其后有李宗,字尊祖,魏封于段,为干木大夫。生同……生昙,字贵远,赵柏人侯,入秦为御史大夫,葬柏人西。生四子:崇、辨、昭、玑。崇为陇西房,玑为赵郡房。崇字伯祐,陇西守、南郑公。生二子:长曰平燕;次曰瑶,字内德,南郡守、狄道侯。生信,字有成,大将军、陇西侯。生超,一名伉,字仁高,汉大将军、渔阳太守。生二子:长曰元旷,侍中;次曰仲翔,河东太守、征西将军,讨叛羌于素昌,战没,赠太尉,葬陇西狄道东川,因家焉。

唐高祖李渊,陇西成纪人,起事时,"以子建成为陇西公"。

唐太宗李世民修《氏族志》,亲自定李姓为天下氏族第一姓,贞观十二年(638年)书成,颁布天下,陇西为李姓的郡望。唐高宗李治显庆四年(659年),又颁布《姓氏录》。

评述:

按《史记》和《新唐书》:

(1)李利贞的后裔李乾生李耳,李耳的儿子李宗在战国时被魏封于段干。段干约在今山西省夏县境内。李宗在山西省做了大夫,不是到狄道去,应与陇西郡无涉。

传说老子李耳西行出函谷,经散关,写下《道德经》,然后游河湟,涉流沙,访陇西十七年而终。据传李耳临终飞升于狄道岳麓山凤台,今临洮仍保存有此老子飞升地(见附录图1)。但是,《史记·老子韩非列传》载:"老子乃著书上下篇,言道德之意五千余言而去,莫知其所终。"

所以,不能以李耳或李耳的儿子李宗为陇西堂始祖。

(2)李耳后的第九代李昙,从赵入秦,当了秦国御史大夫。李昙生四子:崇、辨、昭、玑。长子李崇仕秦,公元前280年,秦昭王设置陇西郡,授命李崇为首任陇西郡太守,当然在郡治履职,家居狄道。以此为家并葬陇西狄道东川,随后子孙被封狄道侯、陇西侯,后裔就繁衍生息于狄道。今临洮县尚存西汉太尉、征西将军李仲翔的家族墓群、西凉武昭王李暠衣冠冢、唐西平王李晟父左金吾卫将军李钦墓(见附录图1)等遗址。

陇西李氏自前 280 年李利贞的后裔李崇首任秦陇西郡太守起，开宗立派，是为陇西堂始祖。李氏发祥地、祖居地是狄道县，今称临洮县。准确地点据考是今甘肃省定西市临洮县东川槐树里（见附录图 3）。这就是陇西堂李氏的根。

李昙第四子李玑定居河北赵郡（今河北赵县），传下赵郡一房，为赵郡房李氏始祖。实际上，天下李氏有陇西房、赵郡房，还有其他房；陇西郡，除了李氏，也还有其他许多姓氏。

唐太宗李世民登基后，下诏天下李姓的郡望为陇西。世界各地李氏均认为"根"在陇西，共尊"陇西"为郡望，"陇西堂"为堂号。这就是陇西堂的由来。此"陇西"当然指郡治狄道的陇西郡，而不是今天的陇西县。今天的陇西县在陇海铁路线上，建"李家龙宫"，挂"陇西堂"匾额，建陇西县网大力宣扬李氏文化，这都是可以理解的。临洮县偏于铁路线西，古时的交通怎是今天可比？地缘影响文化，影响历史，影响舆论造势，影响宗谱传播。不过，还历史本来面目，也是后人的责任。

三、小结

根据《史记》《新唐书》，并通过对秦汉史、地理学等典籍文献的考证和对照分析，可以得出：

（1）古陇西是泛称陇山以西的一大片地方；陇西郡是前 280 年秦昭王设置的郡，郡治在狄道县，今称临洮县；陇西县是今天甘肃省定西市的一个县，汉高祖时所设置，初称襄武县，北宋哲宗时才更名为陇西县。

（2）陇西堂始祖是李崇，是李利贞的后裔道教创立者李耳后的第十代。

（3）李崇，前 280 年东周时首任秦陇西郡太守，是为陇西堂始祖。

（4）陇西堂李氏发祥地、祖居地是狄道县，今称临洮县。准确地点是今甘肃省定西市临洮县东川槐树里。

（5）唐太宗李世民登基后，下诏天下李姓的郡望为陇西郡，共尊"陇西"为郡望，"陇西堂"为堂号。

（6）李崇的四弟李玑定居河北赵郡（今河北赵县），传下赵郡一房，为赵郡房李氏始祖。

第三部分　广东李氏入粤始祖

　　陇西堂李氏入粤始祖是谁？有的文章、族谱说，是李联；也有文章、族谱认为，是李安政。李氏入粤始祖到底是谁？李联与李安政到底是什么关系？李联到底什么时候入粤？怎样入粤？五邑系始迁祖李栋到底是何时南迁？为什么徇、伯会向台山、开平西迁繁衍？李联、李栋的生卒年到底怎样？

　　本部分考证结果将证明：陇西堂广东李氏入粤始祖有多支，五邑系李氏入粤始祖是李联；从化系李氏入粤始祖是李安政；还有梅州、潮州等粤东地域的李氏，他们的入粤始祖来自福建。

一、广东李氏的入粤始祖

（一）李联入粤

1. 李联子孙

　　李联（或李銮），字松年，宋朝岭南监军御史，陇西堂广东五邑系李氏入粤始祖。李联夫人朱氏、陈氏，生三子：梧江、凌江、垣江。长子梧江生二子：栋、棕。

　　李栋，号任堂，李联长孙，宋赠文林郎，陇西堂广东五邑系李氏始迁祖、一世祖。李栋夫人禤氏，因子孙众多又称米氏，生三子：侃、徇、伯。

　　李侃，字直卿，栋翁长子，宋朝奉大夫，陇西堂五邑李氏二世祖，定居新会云步，形成云步房。

　　李徇，栋翁第二子，宋行人，陇西堂五邑李氏二世祖，定居开平，开基成派。

　　李伯，字元义，号道全，栋翁第三子，宋授天台知县，陇西堂五邑李氏二世祖，定居台山，开基成派。李伯夫人禤氏、姚氏，生三子：雁云、雁川、雁杳。

　　李雁云，讳文卿，字光祖，一字赤秀，号雁云，道全翁长子，陇西堂五邑李氏三世祖。

　2. 李联及先祖墓葬

　　联翁葬于今台山市广海甫草乡迳西，峨嵋峰下柯木迳（见附录图8）。墓体为花岗石砌筑，保存良好，香火旺盛。墓碑文龙边抬头为"坐申向寅兼庚甲之……"，中榜为"宋任岭南监军御史讳联翁字松年李公之墓"，虎边落款为"光绪岁次壬辰仲冬吉旦重修"，顶横刻"钟灵毓秀"（见附录图10）。光绪壬辰就是清光绪十八年，即1892年。

　　在今开平岘岗东山黄竹脑，有一从碑文看似是联翁与夫人朱氏、陈氏合葬的坟，砌筑良好（见附录图11）。石刻的墓碑，碑文龙边抬头为"本山坐丑向未喝作美女垟　民国十四年八月拾九日重修"，中榜三排字，中间排写"宋任岭南监军御史号联翁字松年李公坟"，右排写"妣朱氏二品太夫人"，左排写"妣陈氏二品太夫人"，虎边落款为"祀男　梧江凌江垣江　孙……全立"。应该只是联翁夫人朱氏、陈氏的坟，而不是联翁与朱氏、陈氏三人合葬的坟。

　　在今新会大泽五和农场有栋翁的墓（见附录图9）。仅是一小土堆，土堆前面随便压着三排红砖，没有墓碑，墓前地面用水泥简易敷制出一长条，作为拜桌，上刻"任堂李公墓桌"六个大字。香火也盛。作为五邑李氏一世祖，此墓如此简单，难以置信。原墓是何时毁坏的？为何没有重修？或者，恐怕是虚葬墓？

　　栋翁夫人禤氏的墓位于台山（见附录图12），土堆，但有良好的石刻墓碑。碑文龙边抬头为"本山坐卯向酉兼甲庚三分之原"，中榜为"宋赠文林郎栋翁始祖妣李母禤氏夫人墓"，虎边落款为"乾隆戊申年仲冬三大房侃徇伯○立"。乾隆戊申就是乾隆五十三年，即1788年。

　　伯（道全）翁的墓在今台山三社（见附录图13）。墓体为花岗石砌筑，保存良好。墓碑文龙边抬头为"山坐壬向丙兼子午"，中榜为"宋二世祖伯翁李公墓"，虎边落款为"咸丰乙卯年春重修"（见附录图14）。咸丰乙卯就是清咸丰五年，即1855年。

　　伯（道全）翁夫人禤氏的墓在台山，土堆，但有良好的石刻墓碑（见附录图15）。碑文龙边抬头为"本山坐卯向酉兼甲庚三分之原"，中榜为"宋授天台知县显二世伯祖妣李母禤氏夫人墓"，虎边落款为"乾隆戊申仲冬三大房雁云川杳敬立"。乾隆戊申就是乾隆五十三年，即1788年。从时间和墓碑款式看，伯（道全）翁夫人禤氏的墓和栋翁夫人禤氏的墓，都是栋翁后裔于乾隆五十三年（1788 年）农历十一月同时重修的。

雁云翁的墓在今台山北陡，典型的台山墓茔式样（见附录图 16）。

上列墓葬显示了联—梧江—栋—伯（道全）—雁云五代人的世系，表明联翁是宋朝时以岭南监军御史职入粤并葬于今台山市广海的，联翁为入粤始祖。

3. 李联入粤相关问题

所有文章、族谱都认为，李联以御史身份监军入粤。墓葬碑文可为证。但是，李联何时入粤？从哪来？监谁的军？为何事？到何地？循何径？都需要反复辨析，务求有据，才能还原历史真实。这里，先列出问题。

（1）李联入粤时间。

李联入粤时间是一个关键点，事关各种谱牒的正误，事关李联与李安政的关系，事关先祖的生息年。

许多文章、族谱记载，联翁的生卒时间是 1036—1103 年，1102 年即宋徽宗崇宁初 66 岁任职监军入粤，67 岁病故。但是，又有族谱记载，联翁的生卒时间是 1147—1228 年，1227 年 80 岁任职监军入粤，81 岁病故。

宋徽宗是北宋末代皇帝钦宗之父，继兄长哲宗位一年后改年号为崇宁（1102—1106 年）。1227 年已是南宋第五位皇帝理宗朝了。两谱所记李联入粤时间相差 125 年。

（2）李联入粤出发地。

有的认为李联入粤是自闽出发，个别文章具体到由福州出发，但有的说是自江西出发。

（3）李联入粤所监的军队。

在这个问题上，有关文章、族谱一致性记载，当年联翁为监军御史，入粤大军主帅是伍柱国公。也许，联翁墓碑文已明确了联翁的军职"宋任岭南监军御史"，知晓墓碑的人不会怀疑。

伍柱国公姓伍，名珉，被认为是台山伍家的第一代人。上柱国公享受丞相待遇，正如老祖宗宋神宗所谕，"名位已重，不必亲矢石"，先锋由李联第三子垣江担当。宋朝怕兵变，实行以文制武的政策，伍将军为武将，故由李联为监军御史。伍珉墓在广东阳江，下文再叙。

（4）李联入粤事由。

笼而统之，李联入粤为的是"平崖"。细考起来，是上前线去打仗平叛，还是戍边镇关？这是有差别的，需要区分。

（5）李联入粤路径、目的地。

李联的入粤过程，各种文谱的记述大相径庭。除入粤时间外，入粤路径是分歧最大的一点。入粤目的地是哪里？大多数文章、族谱含糊其辞，反正是入粤，向粤西行军。但最后结果都一致了：身归溽阳（广海）峨嵋峰下柯木迳。因为，墓在那里。

然而，要考证李联身世，入粤目的地是含糊不得的。入粤事由、目的地、路径三者相互关联，疏忽了就会导向错误。考证时，还特别要遵循宋时宋地的原则，不能把今天的状况视为昨天的状况。

提及"平崖"，其实，许多文章、谱牒都没有真正弄懂。比如都说当年"元崖黎内扰""崖黎内扰""元崖内扰"，"元"是何意？"崖"是哪里？"黎"是谁？"元"是指北方蒙元？先不管"元"，只看"崖黎"。"崖"，一是指海南崖州，另一是指新会崖山。"黎"有海南黎族或者广西黎人之义。四川还有黎州，《宋史》的确曾记载黎州发生过叛乱，但显然，黎州有乱，与广东无关。看来，海南有"崖"有"黎"，一定是海南崖地黎人内扰，难怪有人认为李联入粤目的地是去雷州半岛了，现代甚至有人直接说李联本来是从福建去海南岛的。

（二）李栋入粤

李联被尊为五邑系李氏入粤始祖，但是，联翁并未在粤开宗播迁。李栋被尊为五邑系李氏始迁祖、一世祖，是因为，栋翁安家定居于粤，开宗立派，繁衍后代。

李栋，李联长孙，原居江西吉水。李栋入粤安家是毫无疑义的，但是离广东南雄南下的时间、原因和具体经过，却十分混乱，有不同说法：

（1）因"虔（今江西赣州）寇"频乱，李栋命子侃、侚、佁奉母禤氏入粤，居南雄珠玑巷。后来李栋也入粤，居珠玑巷。因胡妃事件，南宋度宗咸淳九年（1273年），李栋与弟棕、禤氏、侃、侚、佁离南雄珠玑巷南迁广州高第街。栋公卒，后三子侃、侚、佁奉母继迁新会。

（2）北宋靖康二年（1127年），栋公身在行间，未遑兼顾，遂命侃奉母禤氏南迁广州高第街，继迁番禺流溪里。其后，栋公年老解兵柄，亦南下居新会。

（3）高宗建炎（1129年），金兵大至，李栋勤王，未遑顾家，先遣三子侃、侚、佁奉母南下新会。后栋公年老，亦入粤南下居新会。

（4）钦宗靖康二年（1127 年），李栋不是未及顾家，并未先遣三子奉母南下，而是自己帅勤王师，驻军南雄沙水村，镇关粤北 15 年，1142 年解甲（或者，镇关粤北 39 年，1166 年解甲），与家眷汇合南迁新会，终老新会。

（5）不是 1166 年老年解甲，是 1127 年栋祖 40 岁解甲。

（6）为避"金元炽乱"，钦宗靖康二年（1127 年），李栋与褕氏随营而渡，居于南雄珠玑巷。后解兵柄，南宋高宗绍兴二年（1132 年），李栋与家人又迁至广州，再迁至新会。

在此首先指出："金"，是指金兵；"元"若是指蒙古元兵，那便是错的；若不是指蒙古兵，"元"究是何意？

李栋要在朝中做官收俸养家，所以，命家人先入粤安居，似有道理。但是，到底何时迁居广州或新会？何故迁居广州或新会？李栋到底有没有到新会？

（三）李安政入粤

1. 李安政入粤史略

李安政，字仲义，号如冈（或如岗），陇西堂广东从化系李氏入粤始祖。南宋高宗绍兴三十一年（1161 年）十一月，以 71 岁高龄受命广南东路知广州，也就是任广州路刺史，诰命夫人温氏随行，遂定居于粤。两年后，高宗让位，孝宗新继，安政即受党争迫害而"放罢"。按规定，安政被安置在较荒僻的地方，去广州从化吕田山区，居于水埔村，能保留较高官阶和尚可的俸钱待遇。安政离任 10 年后，孝宗乾道九年（1173 年）八月十六日，温氏卒。再过两年，安政也仙去。

宋朝行政区划实行"路—州—县"三级制：最高一级为路；州级单位有府、州、军、监；县级单位有县、军、监。军也是一种行政区划单位，一般是军事重镇或要冲。州一级的行政长官称为"知某州（军、监）事"。当时，广东称广南东路（简称广东路），广西称广南西路，江西称江南西路。广州路相当于广州市，知广州、刺史就是市行政长官，但是不管军事。

《广东志》有载："李如冈，绍兴三十一年任。"有文章说："绍兴三十二年十一月十二日，诏敷文阁待制、知广州李如冈放罢。"绍兴三十二年即 1162 年，从后文考证知，此时间是不妥的。

2. 温太夫人墓考

2013 年 11 月 1 日，笔者和弟雄飞、侄旭鸣亲往广州市白云山考察温太夫人墓（见附录图 32）。

温氏葬在广州市白云山西坑永泰乡蒲涧，山形猪肝吊胆。墓碑文龙边抬头为"同治岁次戊辰仲冬吉旦重修，本山坐丑向未兼艮坤"，中榜为"大宋诰封夫人李始祖姚温太夫人之墓"，虎边落款为"明良登丰四大房裔孙仝立"（见附录图 27）。墓旁有同治八年（1869 年）重修碑。2008 年 12 月，广州市人民政府公布温太夫人墓为"广州市文物保护单位"，立有碑石明示。"同治岁次戊辰"即清同治七年（1868 年）。根据温氏墓同治年重修碑（见附录图 29）碑文载：

温氏于南宋第二位皇帝宋孝宗"乾道年间葬此"，距今已 840 年。后来，此墓由"世孙祐卿公恩赐修葬，遂名御书阁"。御书阁，意即藏有御书的地方。皇帝恩赐修葬当年，也许建有阁楼或阁亭。

乾隆十七年（1752 年），温氏墓曾经重修。

道光年间（1821—1850 年），温氏墓被侵葬，迄数十年又被他姓误认拜扫。明、良、登、丰四大房裔孙始于同治七年（1868 年）农历十一月重修，至同治八年（1869 年）三月而告成，勒诸石碑，俾垂永久。但至再度重修之前，已是残缺不堪，花岗石被盗，墓穴被毁，墓园被人僭葬。2003 年重修御书阁，正月动工，清明完成。

温氏墓东侧有其子明、良、登三兄弟同葬墓，从碑石看，仅似纪念，疑非真实。

3. 李安政墓考

2013 年 11 月 17 日，笔者和弟雄飞、侄旭鸣父子亲往广州市从化吕田镇考察过李安政墓。

安政墓位于吕田镇镇中心 G105 公路傍东侧吕田中学校内。入校门右前方约 30 米有教学楼，墓茔就在教学楼南面沙土空地上（见附录图 34）。墓形海螺摊舌。该地本属海螺山，最高处约 40 米，20 世纪五六十年代，顺山的西南部建起吕田中学，由于中学道路、楼宇规划，该地山形已大变。

安政墓墓体为长形土堆，前面是重修时立的墓碑和拜桌（见附录图 26）。墓碑文龙边抬头为"公元二〇〇三年癸未岁重阳节重修，本山坐卯向西兼乙辛分金"；中榜为"大宋钦命广州路刺史显考安政李公之墓"；虎边落款为"明良登丰四大房裔孙仝立"。墓碑有对联，上联为"政祖功名扬万代"，下联为"宗公盛德颂千秋"，横批"如冈佳城"。"如冈"就是安政的名。墓右面为重修碑记（见附录图 28），墓左面为有关重修的名列碑（见附录图 30）。古墓原来被毁至不成墓穴，如平地草坪，只剩碑石一块。2003 年重修后也极为简陋。

吕田镇人氏称，安政曾居住在吕田镇西南水埔村，村内有安政公祠。当日也曾前往考察，过吕田大桥沿河边水泥路走 1.6 公里，即到水埔村。因半途受阻，惜罢。

4. 考证与置疑

李安政入粤，有正史记载，因为安政知广州，官不小，还有墓碑记佐证，比较清晰。此行实勘考证，所获十分重要，其中有的与从化系李氏有关，有的则是为辨析五邑系李氏与从化系李氏的不同提供了重要证据。同时笔者发觉坊间、网上许多有关安政世系、李氏族谱等的传谱记载，屡有差错、矛盾和疑点。在本节和下文将分别叙述。

安政墓、温氏墓近年重修的经过如下：

2000 年 10 月 10 日，《羊城晚报》发表了一篇文章《白云深处 古墓成群》，报道广州考古人员发现白云山古墓群，其中不少是广州现存十分稀少的宋墓。报道中特别提到，广州杨箕村李氏村民的祖宗山御书阁，墓主人就是宋代广州路刺史李安政的夫人温氏。据杨箕村李氏族谱记载，他们的始祖李元慎……封西平郡王，其十五世孙李安政封广州路刺史，偕夫人温氏落户广州，两人百年归老后，分别葬于从化吕田和广州白云山……2001 年初，身在纽约的一位李姓教授，在纽约李氏公所阅读到美国一份中文报纸转载的《羊城晚报》上述报道之后，便与晚报联系。2002 年初，李教授回广州探亲，与晚报记者联系上。2002 年 1 月 12 日，76 岁的李教授到了白云山御书阁，表示到时修墓祭祖，会在海外多筹资金。2002 年 1 月 13 日，《羊城晚报》又发表了《李氏后人云山寻根》，对前述经过做了报道，文章副标题为"本报一则报道牵起一根线"。2002 年 3 月，"重修理事会"成立，决定温氏墓由广州地区宗亲负责，安政墓由从化、增城、新丰、佛冈宗亲负责。

这便有了 2003 年清明重修御书阁温氏墓，重阳重修吕田安政翁墓。

（1）安政及子孙生卒年。

按以《安政公世系》为代表的坊间网上大量文章所记：

一世祖

安政，生于北宋哲宗元祐五年（1090 年），卒于南宋孝宗淳熙二年（1175 年），寿 85 岁。安政生四子：明、良、登、丰。

二世祖

安政长子明，生于南宋高宗绍兴三年（1133 年），卒于宁宗嘉泰二年

（1202 年），寿 69 岁。

安政二子良，生卒年缺。良生一子名荼。荼生一子名昌宜。（今拟设为生于绍兴五年，即 1135 年）

安政三子登，生于南宋高宗绍兴八年（1138 年），卒于宁宗嘉泰四年（1204 年），寿 66 岁。

安政四子丰，生卒年缺。（今拟设为生于绍兴十年，即 1140 年）

……

五世祖

丰房天赐，生三子：初卿、真卿、祐卿。祐卿公宋淳熙己未科进士，任翰林学士。

据明房旧族谱记载：温太夫人生于 1093 年 8 月 21 日。二世祖明生于 1134 年。安政 44 岁、温氏 41 岁才生了长子李明。

（2）置疑。

① 按《安政公世系》计算，温太夫人 40 岁时生明、42 岁时生良、45 岁时生登、47 岁时生丰。20—40 岁，年轻力壮，一个不生；40 岁后，七年生四个。从古人婚育年龄看，这合怎样的理？当然，可以举例说，卓有名望的福建李火德 63 岁（1268 年）前，空无一子；63 岁后，六年得三子二女。但那是李火德 63 岁新娶的 19 岁小妾所生，不是老夫人所生。

② 《安政公世系》中对李良及良房后人记载简陋缺失，是否不够显赫？

③ 安政放罢后即到从化吕田，闲居十多年。按理，温氏也应同住吕田。安政放罢 10 年后，温氏卒。过两年，安政也仙去。何以温氏不葬在居住地从化吕田，而葬在广州市白云山？何以安政未葬在广州市白云山，而葬在从化吕田？

按同治八年（1869 年）温氏墓重修碑文所载，温氏于“乾道年间葬此”，后由“世孙祐卿公恩赐修葬”。按上文“世系”，祐卿公为五世祖天赐（丰房）的儿子，即六世祖，进士出身，翰林学士。翰林学士受宠，当可承恩修葬先祖母温氏墓。温氏葬后六七十年，待到祐卿受宠承恩才修葬御书阁。但是，怎么不承恩修葬先祖父安政墓？或者，将安政墓迁葬御书阁？须知，古时以男为主，妻以夫贵，以父为主，以母为从。温太夫人是因安政公才获皇恩赐封诰命夫人的。眼下，变成妻荣夫冷落了。

④ 《安政公世系》写祐卿“宋淳熙”中进士不合时间差。设二世祖丰公生于 1140 年，南宋孝宗淳熙朝是 1174—1189 年，相应二世祖丰公 34—49 岁，

如果丰公20岁开始生子，到49岁就是经过29年，这29年内怎么可能有六世祖丰房祐卿公呢？而且还长大中了进士？依俗话"二十年后又一条好汉"计，二世丰公生于1140年，80年后的1220年可抱得六世祐卿小儿。又二十年后，恰在南宋理宗淳祐（1241—1252年）期内，祐卿中进士。

也就是说，"祐卿公宋淳熙"中进士有误，"祐卿公宋淳祐"中进士才较妥。

《安政公世系》还写祐卿是"己未科进士"，这也存疑。按干支纪年推算，己未年为1199年或1259年，这既不是淳熙朝也不是淳祐朝。

二、李联、李栋入粤考辨

李联、李栋的入粤、身世，正如前文所铺陈，有着众多具体的又充满矛盾的记述。入粤原因、入粤时间、入粤路径、入粤目的地是考辨重点，最终归结到考辨李联、李栋身世。考证涉及大量史地知识，需要首先阐明有关地理，然后查证史料文献，考辨正误。

（一）地理考证

古今地理差别十分巨大，清楚了地理及其变迁，可以肯定正误，可以排除疑虑，因而对本书考证有重要意义。

1. 南雄梅关、赣州

公元前213年，秦在五岭开山筑关，秦关就是后来的梅岭上梅关，梅关古道始通于秦汉。唐开元四年（716年）张九龄开凿、扩展梅岭古道。北宋仁宗嘉祐年间（1056—1063年）建关楼，称梅关，保存至今。

赣州，是江西赣南重镇，北上过吉水到省会南昌，有赣江水路相连，可直通长江，是省内南北最方便的交通线。江西与鄂皖江浙的联系便捷频繁，自古就是与中原交往较早的省份。而从赣州溯章水而上，可达梅岭山下。穿越梅岭直达广东南雄，就是岭南，地势优越。南雄沿浈水下不远到韶关，再沿北江下、西江下、珠江下，便是珠江三角洲，广肇二府。因此，南雄梅关历来是南北交通要冲，历代兵家必争之地。梅关古道更是南宋政治中心江浙与岭南联络的最重要国道。南雄珠玑古巷是中原汉族向岭南迁徙的重要中转站，是汉族广府民系的祖居地。要是打开今天的交通图，看南北交通最方便在哪，问宋代为何不提从湖南入粤，须知那是在一千年前，别奢望有公路，而一条水路船运，又胜过多少车马，水路是古代最重要的交通大动脉。

2. 恩州（南恩州）基地

恩平县建县始于东汉，辖今广东恩平全境及阳江、阳春部分地区。从唐朝贞观（649 年）至元朝至正（1368 年），设置了恩州、恩平郡、南恩州、南恩路，州治在阳江，属广州都督府管辖。北宋庆历八年（1048 年），因河北路设立恩州，改广南东路恩州为南恩州。恩州地处广东中部与西部分界线，山海盘绕，地形复杂，扼守着广州与粤西，以及广西南部、越南北部和海南的咽喉。唐至德元年（756 年），"清海"军在此驻军 2 000 人。宋元明清年间，恩平是琼州、雷州、高州等地通往端州（肇庆府）及京城的驿道必经之地，境内设有驿站。近年在恩平市还发现一条长达数十公里的宋代古驿道。无疑，此驿道是通向南雄梅关到江西的，不是通向湖南或福建的。

宋朝时，高州、雷州、海南属于广南西路（广西路），广南西路治所在桂州，并非由广东管辖。换言之，恩州（南恩州）已是广东的西部边境。

3. 崖州、鼍阳等山河

（1）崖州—崖山—崖门。

崖州，在海南。唐武德四年（621 年），崖州州治在今海南海口市琼山区东南，辖今海口、文昌、琼海、琼山、定安、澄迈等地。天宝元年（742 年）改为珠崖郡。北宋开宝五年（972 年）废入琼州。后改振州置，州治在宁远县（今海南三亚市西北崖城镇），辖今海南省三亚市及保亭、乐东两县部分地区。宋熙宁六年（1073 年），降为朱崖军。明洪武元年（1368 年）又升为崖州（州治在宁远县）。1912 年废为县。

崖山，是今广东新会海中一座山岛，宋高宗绍兴年间曾在崖山戍卫。

崖门，在今新会南面，南宋灭亡于此。

（2）鼍阳—鼍江—海陵山。

鼍阳，就是阳江。北宋哲宗绍圣四年（1097 年），开始依鼍山筑城，才有阳江城，因此阳江又称鼍城、鼍阳。

鼍江，因流经鼍山西面而名，亦即今天的漠阳江。

海陵山，在阳江市西南大海中，古名螺岛，又名螺洲、鹤洲。后该岛住民渐多，清代又称为海陵岛。

（3）溽洲—广海卫。

溽洲，也叫褥洲，这里古称溽城、溽阳，即广海，广海镇，位于今台山市南面。北宋时在这里设溽洲巡检司。明洪武二十七年（1394 年）曾于此建广海卫，是广州附近海防要地。

（4）榕江（鮀江）—韩江。

榕江，古称揭阳江、鮀江，广东粤东地区第二大河流，仅次于韩江。流经陆河县、揭西县、普宁县、揭阳县、潮阳县，于汕头市牛田洋入海，可进出3 000～5 000吨级货轮，是广东省著名深水河，仅次于珠江。

宋代，在揭阳榕江出海口设置了鮀江都，今汕头市仍设有鮀江街道。

韩江，古称恶溪、鄂溪、鳄溪，为纪念唐代韩愈驱鳄又改称韩江。北源发源于福建省宁化县，称为汀江。南源发源于广东省陆河县与紫金县交界，称为梅江。汀江、梅江在大埔县三河坝汇合，称为韩江。经韩江三角洲，分北、东、西溪在汕头市分五个出海口入南海，是广东省和福建省共有的河流，是潮汕地区、兴梅地区与福建联系的重要水道。

4. 广州史地

（1）广州城。

公元前214年，秦统一岭南，南海郡尉任嚣在今仓边路以西建城。前204年，赵佗建南越国，王城在今北京路财政厅一带。三国时，吴国扩大赵佗城。

古代广州城内有三座著名山丘：番山、禺山、坡山。番山、禺山的具体位置有多种说法。其中一说：番山在今文德路中山图书馆旧址北面小丘一带；禺山在今北京路以西小马站以东，与番山相对。后人所称禺山市的位置并非禺山。坡山，在惠福西路北侧米市路与甜水巷之间，五仙观处。

宋代广州城由子城（中城）、东城、西城组成，称"宋代三城"。

北宋初，只有唐子城（中城）。城北界不超过越华低地；西界为西湖，西门名朝天门；东界至东濠。北宋仁宗时（1045年），南门东边，筑步云门，后改冲霄门，即后来文明门（今文明路得名于此）。南宋时，子城南门南移至今大南路、文明路处，为镇安门，又名镇南门，南宋理宗嘉熙元年（1237年）改定。

北宋神宗熙宁二年（1069年），修建东城。

北宋神宗熙宁四年（1071年），修建西城。以光孝寺为西北角边界，寺外即为城墙。中央公园为东北角。北界与百灵路相当，西界和西濠相当，南界和玉带濠相当，东界与西湖相当。西城比子城北面要再北一些，南面又比子城向南扩展一些，各约100米。建西城时包入南濠，两岸是南濠街、西濠街。西城东南隅今惠福路东旧盐仓街南口有素波门。盐仓街即旧维新路东侧惠福路段，今盐运西、盐运东处为旧盐仓所在。城门外有素波巷。北宋神宗熙宁五年（1072 年）时，广州城外蕃汉杂店已有数万家之多。

南宋宁宗嘉定三年（1210 年），又筑南城，也称雁翅城，高第街、素波巷、状元街（通泰坊）、卖麻街大致都属于它的范围。

（2）地标建筑。

唐末，把禺山凿平，开拓城区，两山之间的坳口作广州城南门。唐天祐三年（906 年），在南门建"清海军楼"。918 年，南汉时，清海军楼改建，取名"象阙"，人称"双阙"。宋太祖开宝四年（971 年），广州城南拓至江边（今大南路附近）。南宋理宗淳祐四年（1244 年），"双阙"改建，成楼长十丈四尺、深四丈四尺、高三丈二尺，上为楼，下为两个并列的大门，俗称"双门"，双门高楼地面便成了"双门底"。双门底的马路以双门为界，以北是双门底上街，以南是双门底下街，下街延伸至今文明路口稍南的位置，有城门楼名"大南门"（后来门楼南面开马路，称大南路）。元代，造"铜壶滴漏"放在双门上，后毁。明洪武十年（1377 年），双门重建，改名"拱北楼"。清代（清顺治十年）重修。今财厅处时为布政司所在，今北京路地段由北至南依次为承宣直街、双门底、雄镇直街、永清街，直至正南城墙下的永清门。1918 年，拆城筑路，拆掉拱北楼。

"清海军楼—象阙—双门—拱北楼"是同一位置上不同历史时期的广州地标建筑，其准确位置应在今广州百货大厦东面北京路千年古道上。

北宋哲宗绍圣三年（1096 年），在现广州市第一工人文化宫至广州市第十三中学一带新建广州府学宫。清康熙五十二年（1713 年），在文明门外青云直街前建万寿宫。乾隆二十一年（1756 年），广府学宫定型。

拱北楼东有李白巷，原名李家巷。李白巷内有清代建的李家祠堂。

1920 年，由双门底至永清街的马路完工，因清朝已被推翻，故定名为永汉路。后来永汉路名扩展至财厅前。"文革"时永汉路改名为北京路。

（3）广州水路。

古时珠江称"小海"，远比今天宽阔。据载，惠福西路的五仙观，晋代（265—420 年）时是珠江北岸的一个渡口，称"坡山古渡"。南汉时，今大南路附近就是海边。古东濠在唐代以后，浚深成可航的水道，宋用以运盐。北宋时，泰康路以南，直到今珠江边，是"五洲"所在，是江上沙洲，刚浮出水面不久，入明才淤起成太平沙。坡山西侧叫西澳。西澳是唐代时所称，是番商和洋舶码头地区，光塔就是番舶归航标志。北宋真宗时，1004—1008 年开凿城外西澳；1014 年凿内濠，即今玉带濠（由仰忠街到高第街北一段），离宋代子城较远，是后来的广州南城墙外护城河。北宋仁宗时（1045 年）又凿东、西澳为水闸。后西澳改为南濠。

明代以前，广州西北郊的石门是南北交通的要冲，石门有白泥河，往北直通北江石角，是北江主流，古来北方南下的主航道。汉楼船将军下南越，即走白泥河。在宋代，白泥河仍是北江主流，为北江南下广州的捷径，由飞来峡一夜可返广州。

（二）李联入粤路径、目的地辨析

1. 带兵乘船由福州赴雷州半岛

有位先生作一长文叙述台山李氏始迁情况，文末写道："特别值得一提的是：李松年墓，位于台山市广海镇甫草迳西约 2 公里处。李松年（1036—1103 年），又名李銮（或联），北宋人，讳荣昌，任岭南监军御史，1102 年带兵乘船由福州赴雷州半岛，半途遇台风而改入广海驻守，次年染病而卒，其子亚桓将其葬于现址。"桓即桓江，或垣江。

该先生说：李联带兵乘船由福州出海赴雷州半岛平崖去，还没有到阳江，便因台风而改入广海驻守，次年染病而卒。

真有想象力！

须知，宋时的确有舟师，但李联的兵显然不是舟师，而带陆师乘船由福州出海赴雷州半岛，即便是今天，也不会如此行军。大海茫茫，风云变幻，岂是内陆江河水路可比？李联"66 岁"了，恐怕闽粤间海路的风浪他老人家受不了。笔者青壮年时几乎跑遍全国，爱走水路、海路、渤海、黄海、东海都相当熟悉，而乘一千几百吨的钢铁海轮，平素也忌惮闽粤间这条航线。尊贵的上柱国伍公也乘船？还是走陆路去了雷州半岛？联翁您老人家怎么监军？台风只刮一周，风停了还不去雷州半岛平崖？台风只在夏秋刮，到了当年秋冬好行船，为何还不走，而在广海驻守？入粤目的呢？次年联翁病卒，其子亚桓及兵船何去？柱国伍公何去？柱国伍公可是在南恩，不去雷州半岛的。

何况，雷州半岛属于广南西路（广西路），受桂州管辖，先生知否？

2. 率舟师自闽循鼍阳至新会再到广海

有位先生好不容易写了一篇重要文章——《考辩銮公和安政公世系》，引用了民国十七年（1928 年）纂辑的《云步李氏宗谱》记载（实为该谱书中收录的李香介先生文所记，见"第四部分/五、剪报文章/2.《陇西李氏族系考》"），云：

柱国伍公以王命镇抚粤边。銮以御史监其军，自闽入广，别率舟师循鼍阳（今潮州汕江，古称鼍江，又名鮀江）东下。而岭南瘴泾，海风不时，至将士多病死，师遂大溃。銮与三子桓泛楼船乘风南驶，师次海陵山（新会海中山）时，飓风大作，舟人汹惧，乃自海陵进驻潺阳（今台山广海卫）。卒以年老，又兵间积苦，间关万里，病益剧，遂卒于潺阳城。桓伐巨木作棺椁，稾葬公于潺阳嶆峨峰下荷木迳。桓旋奔越南。銮既卒，长子禧、次子源仍居江西吉安。

上面所摘段落中，括号内的解注为香介原文所有。这位先生考辩了许多重要内容，很可惜，为什么不考辩一下香介原文的正误？为什么不考辩一下地理？为什么不考辩一下文言文词意？也许，这位先生认为，宗谱神圣，是经典，不可以疑。

但是在客观事实面前，人们无法逃避。前面地理考证已指出，沿汀江可从福建入粤至潮州韩江，但汀江仅在福建西部边陲山区南流入粤，那边绝不是驻兵之地，也不是行军之地，把其他地方驻兵带向那边，再“率舟师”走山间溪流，弯急水浅，是想偷师入粤？揭阳榕江，又称鮀江，水深能率舟师，但不通福建。未知民国十七年前的秀才们如何带兵行军？

把“鼍阳”注为“今潮州汕江，古称鼍江，又名鮀江”，那为什么1928年香介先生不记为“循鼍江东下”或“循鮀江东下”？銮监军是别率舟师自闽入广，还是入广到潮州、汕头后别率舟师循鮀江东下？联监军不管柱国伍公，另率舟师走了？也许水陆两军并进？走海路自闽入岭南，只能西下，或说南下，怎能东下？大概是说自闽入广到揭阳、汕头再循鮀江东下出海了。也可以说这是自闽入潮州，因为那时，揭阳、汕头都属潮州。出了海再南（西）驶到今广东新会，飓风一来又开船由今新会进驻今台山广海？海陵山是今广东新会海中一座山岛吗？不错，新会海中是有一座山岛，但叫崖山而不叫海陵山。海陵山在阳江西南大海中，即今广东阳江市海陵岛。可是，鼍阳在哪？鼍阳就是阳江，鼍阳不是条江河！阳江不是条江河！鼍江即漠阳江。

谁若注：鼍阳＝潮州汕江＝鼍江＝鮀江，就是“把水搅浑”。

“师次海陵山”怎么解？次，是驻扎之意，当然不是永久，但却不是经过。此句是说：銮与三子桓率船队暂时停靠驻扎在海陵山。既如此，飓风大作，舟人汹惧，还开船顶飓风自海陵进驻潺阳？

这位考辩先生是否想说：联监军另率舟师自闽循潮州鮀江东下，然后乘海风南驶到新会海中的海陵山驻扎，飓风来，又开船乘飓风西行驶到台山广海？

又或者是否在说：联监军另率舟师自闽循阳江市东下，然后乘海风驶到新会崖山驻扎，飓风来，又开船乘飓风折回头西行驶到台山广海？

联监军入粤目的地是哪里？您怎么在海上飘？

对"自闽入广，别率舟师循鼌阳"一句，若把鼌阳解为鉈江，先生，您怎么入广循鉈江？若把鼌阳解为阳江，先生，您又怎么入广循阳江？

乱七八糟！

如果香介君和这位先生懂得鼌阳、鼌江、海陵山、崖山、鉈江等地理知识，就不会注出如此文章了。本来，开头一句"柱国伍公以王命镇抚粤边"就包含着要义，在字面上，"镇抚粤边"与"平崖"有所不同。宋时广东西面的"粤边"就是恩州（恩平、阳江）。如何描述成联监军在闽粤海域游荡？就是因为先生们对入粤目的地含混不清。

此外，台山广海即今台山市广海镇，广海卫是明朝称呼，1928 年不称"今广海卫"。

3. 率海师自闽经潮州入粤

近年（2013 年 11 月）有篇文章《整治李氏入粤始祖联公墓环境意向》写道："宋徽宗崇宁元年（1102 年），元崖黎内扰乱，柱国公奉皇命镇抚南粤边疆，联公以御史身份监军，自闽入粤，另率海师经鼌阳（今潮州市鉈江）东下岭南，因受瘴泾海风吹袭，众多将士得病而死，海师大溃。联公与三子桓江乘楼船乘风至海陵山（今中山市外海），遇飓风进驻潯阳（今台山市广海镇）。"

该文真的在说：联监军自闽入粤后，在潮州市另组海师经鉈江东下岭南，山瘴弥漫，海风吹袭，海师大溃。联公与桓江乘楼船乘风驶至今中山市外海海陵山，遇飓风，继续开，进驻台山广海。

目的地是哪里？

该文应是抄录了上文，除继承其错误把"鼌阳"注为"今潮州市鉈江"外，又添新解，把海陵山解为在"今中山市外海"！海风送楼船（从潮州市）至今中山市外海，遇飓风，该进驻中山、广州了，还进驻台山广海？

该文又真的是说"另率海师"，而不是"率陆师出海"，只不过，这"海师"怕海，怕海风，海风一吹，师就大溃。

该文作者大概是位文书写手。

4. 率舟师自闽—鼍阳—海陵—进驻广海

《略述我国姓氏起源及演化》一文是台山市李先生所作，其对李联入粤的记述与上两文相同，都是走海路。此文说：崇宁初，李联自闽入广，别率舟师鼍阳东下，师大溃，联与桓江泛楼船南驶，师次海陵山，自海陵进驻溽阳。

此文可说是对香介君原文的修正，仍走海路，但没有对鼍阳、海陵山作解，台山老人也许都知道是指阳江、海陵岛，自知矛盾，含糊不多说了。

5. 自江西经福建入粤

《广东（江门）五邑李氏直系先祖从属之我见》一文说："李联（銮）领旨平乱，携其第三子桓江自江西经福建入粤，途中因故暂避台山广海并病逝于此。"

其实，他之见也不知目的地是哪里。本来，从江西入粤是最合历史、合地理的。当年，从福建、湖南直接入粤都较艰难。然该文舍便取艰，不从江西入粤，反从江西去福建，意思似又是率海师去了。似乎"平崖"这个崖字所引，不去海南岛也得去雷州半岛。总认为海南岛自古都属广东管，去海南岛就得乘船。不是说"所有宗谱、文章都认为联与垣江驾船至溽阳上岸"的吗？既然肯定是驾船，此船必定是入粤工具，必定是来自福建，就得从福建上船。要不，也得在潮州上船。不是吗？

但是，不禁要反问一句：至溽阳的船不能取自阳江吗？即使去海南岛，船不能取自雷州吗？

6. 由福建经江西过南雄走陆路

先父《家谱》详细记载了行军路径和经历："联翁第三子垣江翁，封为平崖先锋，联翁为监军御史。时金元作乱，随伍柱国公带兵由福建过南雄，引南雄兵到南恩（即今恩平）屯营，水土不服，战败鼍阳（即今阳江），将帅阵亡，兵散，联翁与三子垣江驾船望海陵波上航，至古冈州溽阳（即今广海）地面，泊舟海岸，联翁乃仙游，垣江翁扶柩安于该地土名峨嵫峰下，喝作犬形，土人称柯木迳是也。垣江翁斩指殉葬，故有斩指之名。"

除"金元作乱"一语有误外，这是最合历史、合地理、合情理的入粤原因、路径、目的地和经历。入粤为的是"平崖"，防崖黎内扰，与金兵无关，与元兵更无关。目的地是南恩州，到南恩屯营，就是"镇抚粤边"。如此明确地记述目的和目的地，足以彰显前五说的错误。

要从江西到南恩（今恩平）屯营，穿越梅岭过南雄后，有两条路径：其一是走水路，参考汉楼船将军从北江下南越（他是直到广州，不去恩平），即沿浈水、北江、西江、潭江到恩平；其二是走陆路，从南雄沿既有驿道到恩平。军事布防岂是游山玩水？显然，陆军必然选择走驿道陆路行军到恩平。盛夏天，从江西到福建乘海船走海路去恩平的方案也真浪漫。

且再看下文考证。

（三）《宋史》查证

李联与伍柱国公入粤镇守南恩、贾似道与胡妃、李栋入粤、李安政知广州等事，正史有何记载？这些史事，不仅涉及家谱史实，更涉及各位先人的可靠生卒年份，查证清楚了就能为辨识李安政与李联的世系和相互关系提供史据。

如果有伍柱国公、李联入粤南恩防黎内扰此军事，有贾似道与胡妃的事件，有李安政知广州，《宋史》可能有记载。因为类似事情，甚至更小更轻微的事，《宋史》都有所记载。《宋史》修撰于元末至正三年（1343 年），元至正五年（1345 年）成书，总共 496 卷，是元人利用旧有宋朝国史编撰而成，基本上保存了宋朝国史的原貌。叙事详尽，贯通北宋与南宋，然北宋详而南宋略。《宋史》是保存宋代官方史料和私人著述最系统全面的一部史书。

为此，针对所涉及的年份，笔者不厌其烦，详细查阅了《宋史》中的 99 卷：查阅了从"本纪第十七"起至"本纪第四十七"间共 24 卷本纪，包括哲宗、徽宗、钦宗、高宗、孝宗、理宗、度宗、恭宗、端宗、幼主期间的年月日详细纪事；查阅了 24 卷志，其中职官 12 卷、兵 12 卷；查阅了 51 卷列传，包括后妃和 148 位臣僚的纪事，包括儒林、文苑、忠义、孝义、隐逸、列女、佞幸、奸臣等各卷列传中所有记述过的可能人物。

从北宋哲宗至南宋幼主亡，即 1086 年至 1279 年，近二百年时间，《宋史》记载与本考证有关的类似事情如下。

1. 伍柱国、李联镇守南恩

综合各文谱所记，李联入粤有两个不一致的时间：其一为北宋徽宗崇宁初，即 1102—1103 年；其二为南宋理宗宝庆末年，即 1227 年。究竟哪一个可靠？或者，两个都不可靠？

且看《宋史》的有关记载：

（1）徽宗崇宁二年二月，"安化蛮入寇，广西经略使程节败之。三年春正月己卯，安化蛮降"。（按：安化属湖南，崇宁二年即 1103 年）

（2）徽宗政和元年十二月，"废镇州，升琼州为靖海军"。（按：琼州属

海南，政和元年即 1111 年）

（3）高宗绍兴元年六月，"广贼邓庆、龚富围南雄州，守臣郑成之率兵民以拒"。（按：南雄在粤北，绍兴元年即 1131 年）

（4）高宗绍兴三年十一月，"是岁，海寇黎盛犯潮州，焚民居毁城去"。（按：绍兴三年即 1133 年）

（5）高宗绍兴三十年五月，"海贼陈演添作乱，掠高、雷二州境上，南恩州民林观禽杀之，命观以官"。（按：禽即擒，绍兴三十年即 1160 年）

（6）高宗绍兴三十年十二月，"海南黎贼王文满平"。

（7）孝宗淳熙三年十二月，"黎州蛮寇边，官军失利，蛮亦遁去……孝宗淳熙五年三月……是春，黎州蛮出降"。（按：黎州属四川，不是海南，淳熙三年即 1176 年）

（8）王祖道，字若愚……徽宗（时）知桂州……言："（开边）宜开建城邑，控制百蛮，以武臣为守……黎人为患六十年，道路不通。今愿为王民，得地千五百里。遂以安口隘为允州……并允、地、文、兰、那五州置黔南路……于是徭、黎渠帅不胜忿，蜂起侵剽，围新万安军及观州，杀官吏……祖道在桂四年，厚以官爵金帛挑诸夷，建城邑，调兵镇戍……地瘴疠，戍者岁亡什五六……王祖道既请立朱崖诸州县，徙万安军。"（按：朱崖，今海南三亚市崖城镇；万安，今海南万宁）

评述：

查证《宋史》后可以得出：

（1）没有在《宋史》中查阅到有关"李联""监军入粤""柱国伍公""镇抚粤边""李安政知广州"等事的直接记载。

（2）北宋、南宋时，川、湘、桂、粤、琼等地常有蛮、黎、海寇等扰犯，引起战事。有时，还要讨伐安南（今越南）。这在《宋史》神宗、哲宗、徽宗、高宗、孝宗朝代常有记载。"率舟师"的战事也多有记载，但基本都在江浙一带，而不是南下远征岭南。

（3）《宋史》中提到的允、地、文、那、观、桂等州以及朱崖、万安等地，北宋时属广南西路（相当于广西地区），辖境包含今贵州南部、广西、海南。该段意思是说，北宋时，黔、桂、琼等地常有黎人为患，宜开建城邑，调兵镇戍。

在唐朝，恩州就有驻军戍边。北宋哲宗绍圣四年（1097 年），已经在州治阳江开筑阳江城，恩州仍有驻军戍边，这是戍广南东路（广东）的边，出了恩州就属广南西路（广西）了。北宋徽宗崇宁时，确有海南黎人为患，但仅是局部地方性小事；而且，海南受广南西路管辖，已由知桂州王祖道摆平，并未牵涉广南东路。王祖道在桂四年，徽宗大观二年（1108年）卒。

许多文章、宗谱说"崖黎内扰"发生在北宋徽宗崇宁初年（1102年），有的文章还称是"史载"。而事实上，详细查证了《宋史》记载，北宋徽宗崇宁初并没有针对广东的"崖黎内扰"，上述徽宗时知桂州王祖道平息的海南局部地方性黎患不足以作为李联—伍柱国公入粤的史据。

《宋史》中，南宋理宗宝庆末年（1227年）也没有"崖黎内扰"的记载。

（4）《宋史》中记载了"高宗绍兴三十年五月海贼陈演添作乱，掠高、雷二州境上，南恩州民林观禽杀之""高宗绍兴三十年十二月海南黎贼王文满平"两次事件。绍兴三十年即1160年。记述很简单，却是十分重要的"崖黎内扰"线索，还可能是"李联—伍柱国公入粤镇守南恩州以防崖黎内扰"时间、事因上十分重要的依据，后文将再深入探索。

2. 胡妃事件

胡妃事件有两层内容：一是贾似道弄权逼度宗送胡贵妃去当尼姑；二是胡妃在南雄珠玑巷，导致珠玑巷民南逃各方。

（1）贾似道逼胡妃当尼。

《宋史》卷四百七十四《列传》的第二百三十三《奸臣四》中，有对贾似道弄权逼君的详细记载：

……理宗崩，度宗又其所立，每朝必答拜……似道虽深居，凡台谏弹劾、诸司荐辟及京尹、畿漕一切事，不关白不敢行，李芾、文天祥、陈文龙、陆达、杜渊、张仲微、谢章辈，小忤意辄斥，重则屏弃之，终身不录……一时贪风大肆。五年，复称疾求去，帝泣涕留之……八年，明堂礼成，祀景灵宫。天大雨，似道期帝雨止升辂。胡贵嫔之父显祖为带御器械，请如开禧故事，却辂，乘逍遥辇还宫。帝曰平章云云，显祖绐曰："平章已允乘逍遥辇矣。"帝遂归。似道大怒曰："臣为大礼使，陛下举动不得预闻，乞罢政。"即日出嘉会门。帝留之不得，乃罢显祖，涕泣出贵嫔为尼，始还。

《宋史》记载了理宗专宠贾似道，度宗又是贾似道所立，故贾似道在度宗朝如何专横跋扈，胜于皇帝的老子。南宋度宗咸淳八年（1272年），度宗前往景灵宫祭祀，天落大雨，贾似道想让度宗雨停后才坐大车走。带刀侍卫官胡显祖是胡贵嫔之父，胡显祖请度宗乘轿子早还宫。贾似道大怒，要罢政回家。度宗苦留不得，只好罢免显祖，哭着把胡贵嫔送去当尼姑，才挽留下贾似道。

贾似道（1213—1275 年），浙江天台藤桥松溪人，进士出身，为理宗所看重，宋理宗以"师臣"相称，百官都称其为"周公"。宋理宗、宋度宗、宋恭帝三朝为相，最终被《宋史》打入奸臣史册。宋恭帝德祐二年（1276年），贾似道出师应战元军，大败，群臣请诛，乃贬为高州团练副使，循州安置。1276 年 10 月中旬行至漳州，为监押使臣所杀。

可见，"贾似道弄权逼度宗送胡贵妃去当尼姑"确有其事，发生于南宋度宗咸淳八年（1272 年），《宋史》可为证。许多家谱抄录的胡妃事件，就是源自《宋史》的这段叙述。

（2）珠玑巷民南逃。

《宋史》中除了记有贾似道逼度宗送胡贵妃去当尼姑之事外，没有再记述后事如何，也没有记述有关珠玑巷民南逃、南迁事。

又据《宋史·本纪》第四十七记载：

> 瀛国公名显，度宗皇帝子也，母曰全皇后……二王者，度宗庶子也。长，建国公昰，母淑妃杨氏。季，永国公昺，母修容俞氏。度宗崩，谢太后召贾似道等入宫议所立，众以为显长当立。似道主立嫡，乃立显而封昰为吉王，昺信王。

由此可知，度宗有三子：次子显，全皇后所生，是嫡子，瀛国公，接度宗位而为恭宗，4 岁即位，在位 2 年，被元兵俘；长子昰，杨淑妃所生，是庶子，建国公，接恭宗位而为端宗，在位 2 年，10 岁病死；第三子昺，俞修容所生，是庶子，永国公，接端宗位而为幼主，在位 1 年，8 岁被元兵逼迫，丞相陆秀夫背其投海自尽。

评述：

查证《宋史》后可以得出：

① 度宗与一后两妃有三子，与胡妃没有子。即或胡妃有子，也是度宗骨肉，应封王，但不可能为东宫。

② 没有记载胡妃是在南雄当尼，也没有记载胡妃去向何方，后事如何。正史不载，讳而不谈，避而不记，事关礼教。合理。

③ 没有记载南雄珠玑巷民大批南逃、南迁事。也许，有正常手续的"迁居"，无须入史。

（四）《建炎以来系年要录》查证

《建炎以来系年要录》为南宋李心传纂，按年月日详细记录南宋高宗一朝国内外大事。起南宋高宗建炎元年（1127年），迄绍兴三十二年（1162年）。此书为本朝所记，当最可靠，成书比《宋史》还早。元朝修撰《宋史》，该也参考了它。

《要录》卷一百八十五记载：绍兴三十年五月，"白身人林观特补承信郎。时海贼陈演添等掠高雷境上，观为所执，既而杀演添及其党聚，被掠者九十余人，归南恩州"。

意思是，林观是个平头百姓，绍兴三十年五月（1160年），海贼陈演添等在高州、雷州境上劫掠，抓了林观。林观伺机杀了陈演添及其党徒，与被掠者九十余人归南恩州。白身人林观受官府封赏了个官：承信郎。

《要录》卷一百八十七记载：绍兴三十年十二月，"初，知琼州定南寨刘荐，贷黎人王文满银马香钱而不偿，文满怒率其徒破定南寨，荐遁去，其子为所执。文满遂掠临高澄迈二县，广西转运判官邓祚时为琼管安抚，调士兵击文满，逐之，夺其田以赐有功者。至是以闻……由徐闻渡半日至岛……不供赋役者名生黎，耕作省地者名熟黎，皆椎髻跣足，男子常带弓矢，喜雠杀。女工纺织……为布与省民博易。其居处架木为两重……地产沉水蓬莱诸香，为《香谱》第一。漫山皆槟榔椰子……"

按绍兴三十年十二月（1160年）记：起初，定南寨知琼州刘荐，借海南黎人王文满的银马香钱而不偿还。王文满怒率手下众徒，攻破定南寨。刘荐跑了，儿子被抓。王文满又抢掠了临高、澄迈二县。广西转运判官邓祚当时任琼管安抚，调士兵击王文满，驱逐了他，还夺其田以赐有功者。这件事引起朝廷注意，之后，南宋当局才知晓海南的风土民情……由徐闻渡海半日可到岛上……岛上黎人分生黎、熟黎，都扎椎髻光脚，男子常带弓箭，喜仇杀。女子工于纺织……织物与省民交易。住在两层的高架屋内……盛产沉香（沉水香）等香料，漫山皆槟榔椰子……

《要录》卷一百九十四记载：绍兴三十一年十一月丁亥，"秘阁修撰知静江府李如冈为敷文阁待制知广州"。

评述：

查证《建炎以来系年要录》后可以得出：

（1）没有查阅到有关"李联""监军入粤""柱国伍公""镇抚粤边"的直接记载，但所记述的事件也为"李联—伍柱国公入粤镇守南恩州以防崖黎内扰"提供了时间、事因的直接依据。

（2）绍兴三十年陈演添事、王文满事的记载与《宋史》相一致，且更详细具体。

绍兴三十年（1160年）五月，有海贼陈演添在高州、雷州境上抢掠。此海贼陈是否黎人，没有明说，但在南恩州边境掳劫九十余人，不是小事，就发生在广东西门口，正属"内扰"。南恩州驻军本就不多，有必要增兵"镇抚粤边"。来者在农历五、六月盛夏的岭南，当是：山地行军，山岚瘴气侵袭；海上行船，不时飓风大作。李联、伍柱国公入粤，水土怎服？

绍兴三十年（1160年），有黎人王文满，官逼民反，攻破琼州定南寨，抓了知州儿子，抢掠临高、澄迈二县，更非小事。王某势力很大，且只被驱逐，没有被抓，但田产被夺，可谓倾家荡产，又被通缉，在家乡无以立足，焉知是否会逃到高雷境上，威胁南恩？宋时，高雷之境，穷乡僻壤，又远离桂州，山高皇帝远，为求生存，东扰南恩，实属必然。此事记于是年十二月，但破寨的发生时间恐也在夏季。因此，更有必要增兵南恩，"镇抚粤边"。后人将海贼、黎人事件，精炼成"崖黎内扰"，正合史实。

《要录》载，王文满事件之后，南宋当局才注意、知晓海南的风土民情。这说明，此事惊动朝廷。五十多年前徽宗时知桂州王祖道平息的海南黎患只是小事，岂能与此相比？

因此，这两起事件，就是李联—伍柱国公入粤的史据："崖黎内扰"并非发生在北宋徽宗崇宁初年（1102年），而是发生在南宋高宗绍兴三十年（1160年）。

不过，这种增兵仅是驻防，一般性兵员调动，不是打一次大仗。所以，《宋史》也不记载。

《要录》所载再次证实，海南由广西管。李联、伍柱国公守好南恩州就行，别管过界。

（3）记载了绍兴三十一年十一月（1161年），李如冈为敷文阁待制知广州。《要录》仅记载高宗一朝，即记到绍兴三十二年十一月（1162年）止，没有记载李如冈放罢。

（五）其他宋史文献查证

1.《宋会要辑稿》

《宋会要辑稿》是清嘉庆十五年（1810年），徐松根据《永乐大典》中收录的宋代官修的本朝《会要》加以辑录而成的。本朝官修的《宋会要》，也很可靠。

《宋会要辑稿》记载：孝宗隆兴元年十一月"十二日，诏敷文阁待制、知广州李如岗（即李如冈，下同）放罢。以言者论列故也"。

又载："绍兴元年三月十五日，尚书工部言：提举广南路茶盐公事司申，检踏委官相视到南恩州阳江县管下海陵朝林乡地名神前等处，各有盐田……"

就是说，宋史书《宋会要辑稿》记载：

（1）知广州李如岗放罢的准确时间是宋孝宗隆兴元年（1163年）十一月十二日，而不是有的文章所说的绍兴三十二年即1162年放罢。

（2）"海陵"就在南恩州阳江县管下，是宋时一个盐场所在地。海陵山不是"今新会海中山"，也不在"今中山市外海"，宋时不是，今时也不是。

2.《广州人物传》

《宋史》虽然没有直接记载柱国伍公，但伍柱国公确有其人。

《广州人物传》，原著者是明代的黄佐，这里所引是1991年经疏注、点校后的版本。其中"一〇九　宋赠州判伍公隆起"篇中记载：

> 伍隆起，新会人，三世仕宋。高祖珉，高宗朝为岭南第十三将，守南恩州，卒于官。子朝凯……生子之才……之才生天麟……天麟生隆起。德宗季世，帝昺次崖山，以祖父三世受禄于宋，非死不能报，于是率乡民为义兵捍卫，且贡米七十石……

据明代《广州人物传》，得出：

（1）伍珉，宋高宗朝为岭南第十三将，守南恩州，卒于官。此载与"李联—伍柱国公高宗朝入粤"相印证。据考，第十三将有误，应为第十一将。

（2）此书中"帝昺次崖山"一句，也表明，崖山在新会。

（3）率乡民为义兵捍卫宋的是伍隆起，是伍珉的第五代，抗的才是元兵。

（4）书中李姓人物系列中没有记载与本文稿有关的人如李联、李如岗等。

（5）该版本说隆起贡米七十石，县志记他贡米七百石。

3. 《宋代广南东路的军队》

《宋代广南东路的军队》是 1989 年某作者论文。

据该文，北宋时，广东驻有正规军"系将禁兵"第十一将，但兵力薄弱。广西却驻有第十二将和第十三将。南宋初年，第十一将兵力减至不足千人。高宗绍兴十年（1140 年），广东有摧锋军约七八千人，为广东军主力，第十一将的作用更弱。在宋代，因广东战乱而需全国调兵支援者，仅三次。而小规模战事（平乱），都是用本地驻兵或就近从福建、江西、湖南等省调兵解决。广东还有水军和地方兵。宋代犯人，常被编入军队。

该文作者引自文献《广州人物传·伍隆起传》写道："高宗时，有伍珉者'为岭南第十三将（按：第十三误，应为第十一），守南恩州'。"括号内为该文作者按，正确。

该文的研究表明，南宋高宗朝，南恩州第十一将兵力弱至不足千人，平乱战事可就近从福建、江西等省调兵解决。该文佐证了高宗时伍珉增兵南恩州的史实。

具体如"平崖"事，该文未有提及。

4. 各地县志

（1）《新会县志》（清道光二十一年）。

南北朝置新会郡，隋改为新会县。隋、唐、宋三代，新会县又名冈州。县境含今新会、台山、斗门三区市，江门市城区、郊区全境和今珠海市、中山、顺德、开平、鹤山、恩平五区市部分地域。北宋设乡里制，县下设乡，乡下设里。当时新会县共有礼义、石碑、得行等共二十一个里，范围覆盖了今五邑大部分地区，即西至今阳江允泊、东至今中山坦洲。当时新会云步属石碑里，大致在今新会大泽镇一带；前台山三埠属得行里。至明弘治（1499年）新会县分置出新宁县。1914 年新宁县改称台山县。

新会会城南有潭江，从潭江向西溯流而上，直达台山、开平（见附录图 35）。直至 1987 年，笔者从广州坐船回故乡三埠迳头，都是经江门走这条水道。

《新会县志》卷八记载：

伍隆起，三世仕宋。高祖珉，高宗朝为岭南第十三将，守南恩州，卒于官。子朝凯……生子之才……之才生天麟……天麟生隆起。值帝属至崖山，隆起以三世受禄，愿以死报，于是率乡民为义兵捍卫，且贡米七百石……

该《新会县志》修撰者在文后以疑问语解注曰："……诸军马十三将，广东路第十一，西路桂州第十二，邕州第十三。此传称珉为第十三将……南恩州隶东路，然则珉殆先官于西路而后迁于东路欤。"

就是说：伍珉是伍隆起的高祖。宋高宗时，伍珉为岭南广东路第十一将，守南恩州。宋代，将，意如"团"，第十一将，意如第十一团；又如"将军"，每一将统兵数千。

网上有一些文谱把伍珉错记为伍珉，"珉"字才合理。

《新会县志》卷二又载："崖山在大海中……宋绍兴间尝置戍卫。崖门……为西江之所出。"

县志显示，"新会海中山"是崖山，没有海陵山。不过，崖门现在是潭江的出海口。西江的出海口是磨刀门，在今珠海市。

（2）《阳江县志》（清道光二年）。

《阳江县志》卷一记载："海陵山在城南七十里，大海环之，周二百余里，旧名螺洲，一名螺岛，又名鹤洲。"

显然，海陵山在阳江。

卷四的"宋代南恩州知军州事"中有载："伍珉，新会人。"

卷八记载："宋绍兴三十年庚辰夏五月，海贼陈演添掠高雷，南恩州民林观擒之。"《阳江县志》此载与《宋史》所记相同。

（3）《阳东县志》及阳江市资料。

2009年修的《阳东县志》记载：

宋上柱国镇守南恩将军毓圣公墓坐落于东城镇丹载村西面两公里的象山山麓，墓地总面积214平方米。墓首坟堂正中竖有青石碑，碑面直行阴刻楷书，右署"宋时奉旨御葬坐癸兼丑之原"，中署"宋上柱国镇守南恩将军毓圣公之墓"，左下署"宋高宗绍兴年间（1131—1162）葬"。清道光年间（1821—1850）和民国二十四年（1935）两次重修，1987年又重修一次。

阳江市有《阳江大事记》，时跨从秦至清，其中有两则记载：

宣和六年（1124），平章使上柱国进士伍珉，因抗疏忤言，谪南恩州，不久伍死于南恩州。

绍兴三十年五月（1160），海贼陈演添等掠高、雷二州，阳江路阻，朝夕戒严，时阳江人林观请缨率众往击，有功，奖承信郎。

近年，阳江市要修建伍公陵墓，向有关部门呈送了《宋上柱国伍公陵墓立项报告》，此报告具体介绍说：

宋上柱国伍公陵墓项目位于广东省阳江市阳东县东城区广东广雅中学正对面。象山宋上柱国伍珉公古墓，距今有800多年历史，为阳东县志所记载。伍珉将军为南宋十三将之一，在宋朝抗元南迁的过程中，见证大量的历史典故。

上柱国镇守南恩将军毓圣伍公墓坐落在北惯镇丹载村西二公里象山山麓，墓地总面积214平方米。墓首坟堂正中竖有青石碑，碑面直行阴刻楷书，右署"宋时奉旨御葬坐癸兼丑之原"，中署"宋上柱国镇守南恩将军毓圣伍公之墓"，左下署"宋高宗绍兴年间（1131—1162）葬"。清道光年间和民国二十四年两次重修，1987年又重修一次。

上柱国伍公，名珉，出生于北宋后期1097年，字毓圣，号国宾。河南汴梁（今河南开封）人，1121年春进士，获赐进士及第，注官入士，任殿前校尉，敕封为上柱国将军。1137年，随宋高宗于杭州祭祀时，因进《阴阳灾祥得失》论，被高宗视为逆旨，谪岭南镇守南恩州。于南宋初期的1154年殉职于任上。享年58岁，奉旨葬于阳江象山。

1097年即北宋哲宗绍圣四年，1154年即南宋高宗绍兴二十四年，清道光年间即1821—1850年，民国二十四年即1935年。

评述：

①《阳江大事记》所记海贼陈演添掠高、雷二州的事和时间与《宋史》《要录》记载一致。

②《阳东县志》所记伍珉墓碑左下的刻字是非常重要的考证依据。碑刻原本应只署"宋高宗绍兴年间葬"，括号内的1131—1162年份显系今人写文章时加的注。按前考，绍兴三十年（1160年）夏，伍柱国为第十一将，与李联增兵入粤，驻守南恩州。前考结果与《广州人物传》相印证，今又有了伍珉墓碑刻为证。而且，意味着伍柱国公入粤两年之内就死于任上，这与"阳江大事记"中的"不久伍死于南恩州"相一致。

有意思的是：莫非有的家谱所记"将帅阵亡"一语真暗指伍柱国公死于军旅，死于宋高宗绍兴三十年？

③《阳江大事记》称伍珉谪南恩州是在徽宗宣和六年（1124 年），这个时间显然不对。因为，墓碑刻"高宗绍兴年间葬"就是 1131—1162 年间卒，如果 1124 年谪南恩州，谪南恩后 7～38 年才卒，又怎能符合"不久伍死于南恩州"一句呢？显然，墓碑刻要可靠得多。"阳江大事记"中，"不久伍死"的说法可信，"宣和六年谪南恩"的说法有误。

④ 阳江市修伍公陵"立项报告"摘抄了《阳东县志》所记墓葬一段，说："事迹记入了阳东县志。"来龙去脉清楚，是否就此确认？且慢。首先，"立项报告"中"在宋朝抗元南迁的过程中"此句就不妥。"抗元南迁"是何意？蒙元是入侵，岂是南迁！如果上柱国伍公 1154 年殉职，但是，实际历史是度宗咸淳七年（1271 年）以后才有元兵，117 年前的伍珉公何来"抗元"？

《阳东县志》并未记载伍珉的生卒时间和入粤时间，"立项报告"怎知伍珉生于 1097 年，1137 年谪守南恩，生活 17 年后才于 1154 年殉职？据何考证？怎么"阳江大事记"又写伍珉谪南恩是宣和六年（1124 年），伍不久便故去？

同是阳江市，新修县志、大事记、政府部门报告却如此不相同，让人相信谁的？伍珉墓就在阳江，墓碑刻怎就不考？此外，"立项报告"说"伍珉将军为南宋十三将之一"，请勿误解，不要用"林冲为梁山一百零八将之一"的"将"的概念。

文书之作需要三思。

（4）《番禺县志》（清同治十年）。

《番禺县志》卷二十三《古迹》载："御书阁在聚龙岗西，旧志有康与之顺菴，高宗御书扁榜，有龙蛇飞舞之势。今刻石尚存。或谓学士李佑卿墓在此，宋度宗常赐以'恩袍草色动，仙籍桂花香'之句，因名。未知孰是。"

卷二十四《古迹》载："学士李佑卿墓在白云乡御书阁。"

据查，康与之字伯可，号顺庵。高宗建炎初（1127 年），康与之上《中兴十策》，善歌词，著有《顺庵乐府》，为秦桧门下十客之一。常，即尝，曾经。

（5）《广州府志》（清光绪五年）。

《广州府志》卷十七《职官表一》记载："李如岗，绍兴三十一年知广州。"

卷八十六《古迹坊表》中，南海县"忠贤坊"名下有"伍隆起"。新宁县名下有"宋义士坊在县前街，雍正十年为伍隆起立"。

卷八十七《古迹冢墓》中，有"学士李祐卿墓在白云乡御书阁"。新宁县名下有"宋义士伍隆起墓在县东文迳山，亦名香头坟。帝昺时，隆起起义……"

卷一百十四《列传》中，收录有："伍隆起，新会人，三世仕宋。高祖珉，高宗朝为岭南第十三将，守南恩州……"同《广州人物传》记述。

《广州府志》记入伍隆起、伍珉其人其事。有意思的是记入了李如岗知广州，还记入了李祐卿墓。

评述：

①《番禺县志》记，白云山御书阁之所以得名，有两个可能原因，不知哪一个是。一个原因可能是如古谱所记，那里本有康与之顺菴，内有龙蛇飞舞之宋高宗御书匾。另一个原因可能是学士李祐卿墓在此，宋度宗曾赐以"恩袍草色动，仙籍桂花香"的诗句。

2013年，笔者考察御书阁，见清同治八年（1869年）重修碑，碑文刻有"世孙祐卿公恩赐修葬，遂名御书阁"之句，但并未见李祐卿墓，也未见龙蛇飞舞之高宗御书及刻石。也许，同治年，李祐卿墓也在此。只不过，2013年，没有了。

按理，同治十年修《番禺县志》时，应该有同治八年重修碑了。碑文不是说，祐卿恩赐修葬才叫御书阁吗？修志秀才们没有爬白云山去核实吧？按碑文，应该是因恩赐修葬的温太夫人墓在此，才名御书阁。恩赐修葬该有御书的，不然，口说无凭，广州地方官老爷怎会允许动土？这应是御书阁得名的第三个可能原因。

② 有的文章介绍李安政世系时，说祐卿公为五世祖李天赐（丰房）的儿子，进士出身，任翰林学士。县志亦记李祐卿是学士。《番禺县志》还提及度宗赐句，把李祐卿与宋度宗联系起来，说明祐卿是宋度宗时人。度宗时为1265—1274年。安政于孝宗二年（1175年）去世，九十多年后度宗时，正是其第六代李祐卿的时光。时代合理。

前文对李安政入粤的"考证与置疑"中，曾推论出，《安政公世系》写"祐卿公宋淳熙"中进士不对，应该是"祐卿公宋淳祐"中进士。宋理宗淳祐时为1241—1252年，中进士后十几二十年，便进入宋度宗朝。前文的考证推论正好与《番禺县志》所记吻合。

③ 奇怪的是：如果说，道光、咸丰年间温太夫人墓曾被弥勒寺僧、潘姓等迭次侵葬，但至同治七年温氏墓已重修，同治八年立重修碑。为什么清同治十年的《番禺县志》、清光绪五年的《广州府志》都记御书阁，都记学士李祐卿墓，也记下了李如岗知广州，唯独没有记大宋诰封夫人温太夫人墓？

5. 胡妃事件的族谱记载

胡妃在南雄珠玑巷，并导致珠玑巷民南逃的说法，见诸李、麦、罗、郭、谢等诸氏族谱，以及珠玑巷乡人相传，但是有多种版本：

（1）胡妃因贾似道逼，在南雄珠玑巷当尼。后因皇后无子，乃取胡妃子为东宫，召胡妃还宫。南雄民竟因讹传藏妃，而怕连坐遭杀，导致通境疑惧，各逃远方。

（2）胡妃逃出临安，为商人黄贮万所得，携归南雄珠玑巷。后商人知她是贵妃，不敢收留，复令逃出，为强暴欺凌而死。胡妃出走不久，皇帝思念她，密令兵部尚书张英贵查访。南雄人讹传因胡妃已死，朝廷将加罪于珠玑巷，故珠玑巷居民纷纷南逃。

（3）胡妃因贾似道逼，出宫，作钞化状，肆行丐食。有南雄保昌县富民张贮万，运粮入京，船泊关口市……此女下船乞食，衣虽褴褛，而艳异常人。张怜其无依，遂挈归保昌牛田坊……

（4）胡妃因贾似道逼，逃出皇宫。在临安被运粮的珠玑巷富商黄贮万搭救，并随之来到珠玑巷隐居。不料，黄的家仆背主告发。贾似道便启奏朝廷，诬称珠玑巷百姓造反，命官兵将周围二十里内人畜房舍尽行杀戮焚毁。消息传来，珠玑巷民纷纷逃走。胡贵妃见此惨状，为了不殃及珠玑巷乡亲，便毅然投井自尽了。元时，珠玑巷人为了纪念舍己救乡亲的胡贵妃，便在胡贵妃投井自尽的地方筑石塔纪念。石塔上刻有佛像莲花，底层刻有铭文："至正庚寅孟冬纪，南雄路同知孙朝列重立。"现在，石塔仍屹立于珠玑巷内，被列为广东省重点文物保护单位。20世纪80年代以后，蒙海内外南迁后裔赞助，雕塑了胡妃玉像。

（5）有一位皇妃，被宋帝打入冷宫，皇妃逃出宫外，改名换姓，嫁到南雄珠玑巷。朝臣知道此事，不敢告知宋帝，虚说南雄贼多，要派兵去镇压，实是到珠玑巷追究皇妃事。珠玑巷民为免株连而集体南迁。皇妃深怕株连乡人，投井自尽。死后，乡人怕她的鬼魂作祟，便建一砖塔盖住井口，用意是压住她的冤魂。古塔在宋亡时毁于战火，元代重建。

（6）姑苏女子胡显珍，受度宗宠，赐九龙杯。后因得罪贾似道，胡妃被贬入冷宫，幸宫女相助，逃到杭州妙净庵。不久被黄贮万搭救，带回珠玑巷，纳为妾。黄贮万妻马氏妒忌，常唆使马小舅挑是搞非。马小舅获知胡氏是当今在逃皇妃，上京告密。皇帝接到密告，下旨点派官兵，南下带回皇妃，还要血洗珠玑巷。珠玑巷民得知消息，纷纷南逃。胡妃拿出九龙杯，痛沉在九眼井中，自己再走到巷南门附近另一口井，投井自尽。此后，胡妃自尽的井被称为"贵妃井"，九眼井被称为"九龙井"。

（7）市桥某氏族谱传是：有宫人苏氏，貌美性淫，贪私无已。一夕，上幸宫，失调雅乐，惹帝怒下冷宫。妃潜逃。有南雄府保昌县牛田坊人黄贮万，备船运粮上京，遂得至湾泊处相遇，因苏妃改姓，贮万不知，乃载妃而归。后上行敕复取苏妃，而不知逃亡矣。上怒，敕兵部行文缉访，经年无迹，乃不行追究。后贮万家人刘壮因隙扬泄。兵部知此，恐上究因，乃诈谓民违法作孽，密行计议洗其地以灭迹……

评述：

南宋末年，国破家亡，后又历经近百年的蒙元异族统治，民间怎么能有连续完整的族谱文字记述？1272 年，胡妃当尼。1273 年，巷民南逃。1274年，度宗死。1276 年，贾似道兵败被贬，后被杀。1276 年，元兵攻破临安。1279 年，南宋亡。时日无多矣。

元朝近百年，又岂是修谱盛世？明清再修族谱，多是根据传说。传说的特点就是多样性。胡妃之难，如何考证？也无须考证！尽管有原委、据传说，反正都南迁了，这却是事实。现在的珠玑巷，立有一块大牌，上列有"珠玑古巷南迁姓氏名录（157 姓）"。珠玑巷各姓大批南逃南迁的时间，便是贾似道逼胡妃当尼之后的一年，即南宋度宗咸淳九年（1273 年）。当然，咸淳九年以后，珠玑巷民南逃南迁的原因，也有是为避元兵逼近。

三、李联、李栋身世考辨

（一）李联入粤时间与出生时间辨析

为了考辨李氏入粤始祖，可从李联入粤时间这一点切入。表 3 将各种文谱资料、史书查证所得有关人物不同的生卒年份、入粤时间汇总，以供对照分析。

表3 众家谱文史所记有关人物不同的生卒年份、入粤时间表（宋代）

文献	人	生年	入粤年	卒年
《云步谱》某些文章	联	仁宗景祐三年（1036年）	徽宗崇宁初（1102年）	徽宗崇宁二年（1103年）
	梧江	仁宗嘉祐二年（1057年）	—	徽宗宣和四年（1122年）
	栋	哲宗元祐二年（1087年）	钦宗靖康二年（1127年）	孝宗乾道三年（1167年）
某些家谱	联	高宗绍兴十七年（1147年）	理宗宝庆末年（1227年）	理宗绍定元年（1228年）
	栋		度宗咸淳九年（1273年）前若干年	度宗咸淳九年（1273年）
修陵报告	伍珉	哲宗绍圣四年（1097年）	高宗绍兴七年（1137年）	高宗绍兴二十四年（1154年）
县志史书	伍珉		高宗时（1127—1162年）	高宗时（1127—1162年）
	胡妃		度宗咸淳八年（1272年）	

由表3可知，各文谱记述李联入粤时间、生卒年份差异甚大。

但是，尽管时间差别大，却都提及同一个入粤原因，这就是：李联以岭南监军御史职与伍柱国公入粤镇戍。而李联长孙李栋离南雄迁居广州的时间、原因，众多证据表明是在度宗朝，为避胡妃事件。例如，《道全祠谱》中明景泰八年（1457年）严贞的《家谱引言》，就将李栋离南雄迁广州的时间明白指向度宗朝。清康熙十二年（1673年）余玉成的《李氏族谱序》、李之任的《重修佾祖一支谱序》，就明确栋翁迁广州的时间是度宗咸淳八年。

另一方面，根据明代《广州人物传》《新会县志》《广州府志》和伍珉墓碑文记载考证，伍柱国公伍珉，高宗朝（1127—1162年）为岭南第十一将，守南恩州，不久卒；根据《宋史》记载及考证，贾似道逼胡妃当尼是南宋度宗咸淳八年（1272年），珠玑巷民大批南逃南迁的时间是咸淳九年（1273年）。

这些都是史书典籍的可靠记载，是辨析的基础。

由此，就有理由耐心作一番推演，以便确定李联入粤时间，辨析各种记述的正误，推演的结果必须同时符合以下六点：

（1）史书记载、典籍记载比家谱记载可靠；

（2）柱国公伍珉入粤时间、去世时间在高宗朝；

（3）李联以监军御史职随伍柱国公入粤；

（4）入粤时李联三子垣江当先锋；

（5）李联长子梧江，梧江长子李栋，李栋离南雄迁广州的时间是贾似道逼胡妃当尼之后；

（6）推演结果合乎情理逻辑。

推演一：按阳江市《宋上柱国伍公陵墓立项报告》，伍柱国公入粤具体时间为南宋高宗绍兴七年，即1137年。

推演一的结果：阳江市修伍公陵"立项报告"的时间记载虽然符合"在高宗朝"，但是没有正史为据，也不合情理。

因为，如果伍珉入粤时间为1137年，李联入粤时间也就是1137年。1138年李联卒。柱国伍公生于北宋哲宗绍圣四年（1097年），至南宋高宗绍兴七年（1137年）为岭南第十一将时，伍珉40岁，正是为将的最佳年龄。按此推理，李联三子垣江为平崖先锋，假设这时垣江为30岁，李联就有60岁左右。李联作为监军御史，年龄比伍珉大，也算合理。这样推来，李联比伍珉大20岁，应该出生于1077年即北宋神宗熙宁十年左右，卒于南宋高宗绍兴八年（1138年），寿约61岁。李联60岁左右作为监军御史，行军骑马坐车尚还可以；但是，李联长子梧江生李栋的年龄不合情理！

试看：若伍公、李联入粤时间为1137年，垣江30岁当先锋，时长兄梧江34岁，梧江便是生于1103年。设李栋离南雄迁广州的1273年时寿85岁，李栋便是生于1188年。这样，梧江1188年生李栋时的年龄就达到85岁！若垣江20岁当先锋，时长兄梧江24岁，梧江便是生于1113年。这样，梧江1188年生李栋时的年龄也达到75岁。不合情理。

推演二：按《云步谱》和某些文章记，李联生于北宋仁宗景祐三年（1036年），北宋徽宗崇宁初（1102年）入粤。梧江生于仁宗嘉祐二年（1057年）。李栋生于哲宗元祐二年（1087年）。

推演二的结果：《云步谱》和某些文章的时间记录不合情理，也不符合伍珉入粤、去世"在高宗朝"。

如果李联生于仁宗景祐三年（1036年），徽宗崇宁初（1102年）入粤，按此推理，入粤时李联 66 岁，骑马坐车乘海舟监军当还可以；但 1102 年时，生于 1097 年的伍珉尚是 5 岁稚童，怎能封为柱国公并作第十一将镇守南恩州！高宗朝始于 1127 年，此时，生于 1036 年的李联已是 91 岁高龄，还监什么军！

如果李联于徽宗崇宁初（1102 年）入粤，时长兄梧江 45 岁，李栋 15 岁。但贾似道逼胡妃当尼时（1272 年），李栋已 185 岁，早已作古，还迁什么广州、新会！

显然，《云步谱》和某些文章所记录的李联生卒年、入粤年，不合情理，不符合伍珉入粤、去世"在高宗朝"，不符史书典籍记载。

推演三：按某些家谱记，李联生于南宋高宗绍兴十七年（1147 年），卒于理宗绍定元年（1228 年），理宗宝庆末年（1227 年）入粤。

推演三的结果：某些家谱的时间记录不合情理，也不符合伍珉入粤、去世"在高宗朝"。

如果李联生于南宋高宗绍兴十七年（1147 年），理宗宝庆末年（1227 年）入粤，这时，李联已经 80 岁高龄，也该告老还乡了，难为他还千里迢迢监军入粤，骑马坐车乘海舟行军！如果伍珉生于北宋哲宗绍圣四年（1097 年），1227 年时，伍珉已经 130 岁！1227 年，已经是高宗朝末年（1162 年）之后 65 年，已经过了孝宗、光宗、宁宗、理宗四朝了。

因此，某些家谱所记录的李联生卒年、入粤年，不符史书典籍记载，不合情理，也不符合伍珉入粤、去世"在高宗朝"。

推演四：推想李联与伍珉入粤时间是在高宗朝的后期，如高宗绍兴三十年，即 1160 年。

推演四的结果：李联入粤时间是高宗绍兴三十年（1160 年），既合情理逻辑也符史书典籍记载，符合伍珉入粤、去世"在高宗朝"，同时符合六点要素。

既然前三项推演都不合适，不得不让人怀疑表 3 中阳江市修伍公陵"立项报告"和《云步谱》"某些文章""某些家谱"所记录的李联李栋生卒年、入粤年有误，而做出新的推想。

试看：如果李联与伍珉入粤时间是在高宗朝的后期，如高宗绍兴三十年，即 1160 年，伍珉 50 岁（1110 年生）或 63 岁（1097 年生），李联 60 岁（1100 年生）。垣江 20 岁当先锋，时长兄梧江 24 岁，梧江便是生于 1136 年。李栋生于 1188 年。这样，梧江 1188 年生李栋时的年龄就是 52 岁。这样的设想，既合情理逻辑，也符史书典籍记载，符合伍珉入粤、去世"在高宗朝"，同时符合六点要素。

评述：

（1）如果有先生说，上述时间设计是乱点鸳鸯谱，那请他另设时间，再计算一下结果看看，有否更合理的？

如果有先生说，把李联与伍珉入粤时间推到高宗朝后期，是一种主观推想。那么，谁又敢说把李联与伍珉入粤时间肯定为高宗朝绍兴七年（1137年）是"客观的、确切的，既合情理逻辑，也符史书典籍墓碑刻记载的"？谁又敢说把李联与伍珉入粤时间肯定为北宋徽宗崇宁初（1102年）是"客观的、确切的，既合情理逻辑，也符史书典籍墓碑刻记载的"？

考古本来就是根据挖掘事实和情理进行推想，有时甚至推翻史书记载。而推翻家谱记载、县志记载更是理所当然。

可喜的是，这推演不是数字游戏，推演四还真有正史为据。在随后的史料查证中，《宋史》《建炎以来系年要录》载明：高宗绍兴三十年五月（1160年），海贼陈演添在高州、雷州境上抢掠，在南恩州边境掳劫九十余人；绍兴三十年（1160年），官逼民反，海南黎人王文满，攻破琼州定南寨，抓了知州儿子，抢掠临高、澄迈二县，被广西官军逐离家乡。广东西部边境不得安宁。

必须坦陈：在进行推演时，其实并未意识到《宋史》《建炎以来系年要录》所提示的时间点（1160年），只是在众多时间设计中，唯有这个时间点同时符合六要素。后经反复查证，才确信推演四有正史为据。

"崖黎内扰"正是发生于南宋高宗绍兴三十年夏（1160年）。所以，李联与柱国伍公入粤时间就是在南宋高宗绍兴三十年夏（1160年）。推演与史载相吻合。这不是巧合，恰恰说明推演符合实际，史载是实际。

这样一来，得到的结果便是：

李联大约生于1100年，即北宋哲宗末徽宗初。李联与柱国伍公入粤时间是在南宋高宗绍兴三十年，即1160年夏。李联卒于南宋高宗绍兴三十一年，即1161年，寿约61岁。伍珉入粤时五六十岁，1161或1162年卒。先锋垣江入粤时大约20岁。李栋大约生于1188年。

（2）李联入粤军务为的是与伍柱国公镇守南恩州，防卫海南黎族、海贼内扰。李联入粤目的地就是恩州。不是去雷州半岛，不是去海南岛。

李联入粤，可以概括描述如下：

南宋高宗绍兴三十年（1160 年）夏，李联与伍柱国公增兵镇守南恩州，以防崖黎内扰。联翁作为监军御史，第三子垣江为平崖先锋，由福建经江西过梅关带兵入粤到南雄，沿既有驿道陆路行军到恩平屯营。后因水土不服，在阳江战败，兵散。陆路回营有追兵，联翁不得已才由垣江护卫，驾船离开阳江，在海陵山暂歇后，转至海洲泊舟登岸。海陵山在阳江西南部近海，上航不太远就到海洲了。

海洲，这里本来就有巡检司。由此北上不远，就可回恩平军营。船泊海洲后，劳顿忧愤，年事已高的联翁病卒。垣江伐木作棺，葬联翁于海阳峨嵫峰下，垣江斩指殉葬。垣江思忖，败将回营也是死，传说奔向越南了。也为的是保存家族，其时，二位兄长梧江、凌江仍居江西吉安。

（二）李栋入粤与南迁辨析

现在，通过另一些史料，对李栋出生时间、入粤与南迁再做一番辨析。

各家谱记载李栋出生时间与入粤过程很不相同，时间相差百余年。《云步谱》记：李栋生于北宋哲宗元祐二年（1087 年），北宋钦宗靖康二年（1127年）入粤，卒于南宋孝宗乾道三年（1167 年）。也有宗谱认为李栋卒于南宋度宗咸淳九年（1273 年）。

这里，不得不首先回顾真实的历史，这段历史，是衡量有关李栋南迁记载正误的标准，从中还可认识一下"宗谱"与"历史"的差异。然后，再专门探讨一下《云步谱》。

1. 南宋历史简介

宋徽宗是北宋书画皇帝，1100—1125 年在位，后让位于钦宗。靖康二年（1127 年），金兵南犯，汴京（今河南开封）失陷，北宋亡。宋钦宗与其父徽宗同被女真人俘虏，包括皇后、嫔妃、皇子、公主等皇室成员和机要大臣等都被俘虏北上，是所谓靖康耻也。随即金国从汴京撤军。靖康之难中，康王赵构得以幸免，从河北南下到陪都应天府南京（今河南商丘）即位，改元建炎，南宋始。

南宋第一位皇帝赵构，即宋高宗。建炎二年（1128 年），金兵又大举南侵。高宗一路南行，过淮河，渡长江。建炎三年（1129 年），改江宁府为建康府（今南京市）作为行都，称"东都"。靖康前后，建炎年间，宋朝有李纲、宗泽、岳飞、韩世忠等一批主战将相抗金。建炎三年（1129 年），金兀术挥军南下，高宗入海逃避，在温州沿海漂泊四个月。后金人不习水土，又撤兵北上，在黄天荡被韩世忠大败，在建康又被岳飞打败，狼狈北返。金兵占洪州（江西南昌）后，也退回江北。南宋与金国成拉锯战。高宗于1131年改年号，为绍兴元年，升杭州为临安府（今杭州市）作为"行在"。绍兴八年（1138年），正式定临安为行都，建康改为留都。偏安杭州，歌舞升平。高宗绍兴十年（1140年），金兵再度大举南侵。韩世忠、岳飞等出师迎击。岳飞挥军从长江中游北伐中原，大破金兵，向朱仙镇挺进，离金军大本营汴京仅四十五里，准备直抵黄龙府。临近功成，却被十二道金牌召回，并遭诬告"谋反"被关。昏君赵构放着父兄靖康耻不雪，绍兴十一年（1141年），宋金签《绍兴和议》。绍兴十二年（1142年），高宗与奸臣秦桧冤杀岳飞，"莫须有"，必须死！

1206年，南宋宁宗朝，成吉思汗建立蒙古汗国。理宗绍定五年（1232年），蒙古提议宋蒙合作，夹击金朝，理宗赞同联蒙灭金。理宗端平元年（1234年），宋军攻克蔡州（今河南汝南），金哀宗自缢，金朝灭亡。宋将掳回金哀宗遗骨，理宗将金哀宗遗骨供奉于太庙，以告慰徽、钦二宗在天之灵，也算一雪耻辱。端平二年（1235年），蒙军南侵。度宗咸淳四年（1268年），蒙军攻打襄阳，1273年，樊城失守。度宗咸淳七年（1271年），忽必烈在大都（今北京市）建国号为"大元"。恭宗德祐元年（1275年），元军攻克安庆，威逼建康。1276年，元军攻占临安（今杭州）。1279年，崖门海战，南宋亡。

据《宋史》卷243"列传第二　后妃下"记载：

北宋哲宗的第一位皇后是孟皇后，元符中被废而宠刘皇后。靖康二年（1127年），汴京城陷，时六宫有位号者皆被俘北迁，孟后以废独存。南宋高宗在应天府南京（今河南商丘）即位，号建炎元年（1127年），尊孟后为元祐太后，又改称隆祐太后，后来又上皇太后尊号。建炎三年（1129年），高宗幸建康（今南京市），孟后随之到了建康。不久，高宗派兵万人护卫孟太后到洪州（南昌）。建炎三年秋，金人自大冶县径取洪州，孟太后避至吉州。金人追急，孟太后遂往虔州（赣州）。时虔州府库皆空，护卫兵与百姓交斗，土豪陈新率众围城。后解围。高宗闻之，谕辅臣："太后……今在数千里外，兵马惊扰，当亟奉迎，以惬朕朝夕慕念之意。"遂迎孟太后归越。绍兴五年（1135年），孟后崩，年59岁。

南宋李心传纂《建炎以来系年要录》也记载了隆祐皇太后到洪州、至吉州、往虔州的事。

2.《云步李氏宗谱》探讨

对于《云步谱》,前文已有所涉及,这里再做一专门探讨。

历经 1921 年至 1927 年长达六年的诸番艰辛,广东新会会城允成堂重辑的《云步李氏宗谱》,于民国十七年(1928 年)付印出版,全套四十七册合计三千八百二十五页。2004 年 2 月香港七堡同乡会得港商赞助,完成了该族谱的翻印,并对外发售。名"允成堂",是取"成允成功"之义。《云步谱》内容丰富,记录有许多重要资料,十分宝贵,曾得到李济深、孙科等名人题字,影响很大,引用相当广泛,被族人认为是正本清源的依据。但恐怕也有值得再考证的地方,在此做些探讨。

关于李联入粤路径、目的地,前文已分析了《云步谱》中香介君记述的不妥,而在《〈云步李氏宗谱〉再版辑记》中,有人还再进一步发挥,称联翁平乱,"由海路进军海南时,途经台山广海病逝"。目的地明确为去海南,连监军职也改了,伍柱国不理了,自己带兵去海南平乱。

《云步谱》中收录了云步李香介君所撰《陇西李氏族系考》一文,香介此文,留在本书"第四部分 《道全李公祠族谱》辨析"中再述。本节仅重点谈论一下《云步谱》两段原文,以及后人一些文章。

(1)《云步李氏宗谱》的记载。

下面列出《云步谱》两段原文,本无标点,笔者引用时加了标点,采用简体字。括号内的注释则为原文所有。

第一段,《云步谱》中,1927 年的《重修云步李氏宗谱序》记:"我云步宗谱导源于前明嘉靖庚戌,厥后古谱渐佚。至前清雍正己酉始再辑成书……"

意思是说:《云步谱》始修于明代嘉靖庚戌,即 1550 年。后来古谱逐渐散佚。过了 179 年,至清雍正己酉即 1729 年,才再辑成书。

再过二百年,于 1927 年重修,1928 年正式印刷出版。

第二段,《云步谱》中,《始迁祖栋公传》(见附录图 25)记:栋"……原籍南雄珠玑里沙水村,宋靖康间,金源炽乱,公蒿目时艰,义笃勤王,随营而渡。见事不可为,乃解兵柄,与其弟棕配室禤氏三子曰侃曰徇曰伯南徙广州番禺流溪里(一作先迁广州城高第里)。未几复徙古冈州西郊礼义坊之中步巷。旋乱事稍定,公与弟复返南雄,变产赍所有回广,至半途而卒。棕翁扶柩归葬会城西石狗岭之原。厥后侃卜居新会石牌里之云步,徇卜居古博里之大冈(今属开平),伯卜居德行里之筋竹坑(今属台山),而禤氏祖母独依少子而居,卒葬本坑……"

意思是说：栋公原籍南雄珠玑里沙水村，宋代靖康年间（1126—1127年），金兵源源不断南犯，栋公忧虑时局，离开珠玑巷，举义勤王。军旅生涯，随营而渡，营盘扎在哪，就住在哪。后来，见事不可为，乃解兵柄，回沙水村，与弟棕、夫人禤氏、侃徇伯三子，从南雄珠玑巷迁到广州番禺流溪里（有记为先迁广州高第街）。未几，复迁新会西郊礼义坊中步巷。稍安顿好，栋公与弟棕复返南雄，处理掉所有资产回广州，至半途，栋公卒。棕翁扶枢，归葬栋公于新会城西石狗岭之原。随后三房分居：侃居新会云步，徇居开平大冈，伯居台山筋竹坑。禤氏祖母独依少子伯而居。禤氏卒，葬筋竹坑。

《云步谱》（包括李香介君撰《陇西李氏族系考》）认可的事，包括：

① 翔泰生銮（联）。即李联的父亲是李翔泰。

② 李联生于北宋仁宗景祐三年丙子（1036年）十一月二十九日，卒于北宋徽宗崇宁二年癸未（1103年）八月十五日未时。

③ 李联于宋徽宗崇宁初，以御史职监柱国伍公军，自闽经海路入粤平崖黎。卒于潖阳。三子桓葬联于潖阳峨嵥峰下。

④ 尊李联为入粤始祖。李联生三子：梧江、凌江、垣江。李梧江生二子：栋、棕。

⑤ 梧江生于北宋仁宗嘉祐二年丁酉（1057年）八月初三日寅时，卒于北宋徽宗宣和四年壬寅（1122年）八月二十七日卯时。凌江生于北宋英宗治平元年（1064年），卒于南宋高宗绍兴十五年（1145年）。

⑥ 李栋，号任堂，尊李栋为始迁祖。李栋生于北宋哲宗元祐二年丁卯（1087年）五月廿四日辰时，卒于南宋孝宗乾道三年丙戌（1167年）七月十五日申时。

⑦ 李栋粤北解甲，与弟棕、夫人禤氏、侃徇伯三子，从南雄珠玑巷迁到广州番禺流溪里（或广州高第街），未几，复迁新会。安顿好，栋公与弟棕复返南雄，处理掉所有资产回广州，至半途，栋公卒。棕翁扶枢，归葬栋公于新会城西石狗岭。

⑧ 栋公死后，侃、徇、伯三房分居新会云步、开平大冈、台山筋竹坑，各自开基成派。侃祖形成云步房。李栋夫人禤氏依少子伯而居。禤氏卒，葬筋竹坑。

⑨ 李侃，字直卿，生于北宋徽宗政和五年乙未（1115年）八月初三日巳时，终于南宋孝宗淳熙十年（1183年）正月二十日亥时。

（2）后人文章。

对照《始迁祖栋公传》的上段原文，试看众多考证后人稀里糊涂的文章：

① 称：《云步谱》记，"靖康二年（1127年），金元炽乱，栋翁与褞氏随营而渡，居于庾岭珠玑里沙水村。未几，绍兴二年（1132年），迁至羊城，复徙古冈州云"。

② 称：如古瑶公的旧谱记，李栋于"高宗建炎……义笃勤王，未遑顾家，先遣三子奉母南下"。

③ 称："建炎三年（1129年），金兵大至，两宫分窜，孟后避走洪州（南昌），被贼寇围掠于虔州（赣州）……高宗密旨欲屠不迎太后者。"此乱局正是古瑶公所记"先遣三子奉母南下"之原因。

④ 称：1164年，宋军北伐失败，签《隆兴和议》。两年后，1166年，栋祖79岁，镇关粤北39年后才老年解甲。

⑤ 称：不是1166年老年解甲。断定是：1127年，栋祖40岁解甲。

又称：不是未及顾家，并未先遣三子奉母南下入粤，而是自己帅勤王师，随营南渡，驻军在南雄沙水村。镇关粤北15年后，到1142年宋金缔《绍兴和议》并杀岳飞，在和平后才释兵，55岁壮年解甲，并与棕弟一起南下，汇合家眷同迁"新宁古冈州"。如果1166年解甲，栋祖若非南渡镇关39年，就是定居中步巷已24年，看来不大合理。如果栋祖老年解甲，"这样，很难保证一次来回便能成功处理好遗产，栋祖因而操劳成疾，解甲不及年，80岁（1167年）便死于回穗渡船上。若早已定居新会，遗产也是北伐乱局后才处理"。

⑥ 称："栋祖是壮年解兵柄还是老年解甲，疑点重重。"

⑦ 称：据李苑（地名）老人忆，栋祖墓在山脚有一石门楼，两只石狮守护两旁，传说门楼后十多条狮头圆柱。实质是旗夹石上的旗杆，间立石兽、碑石，形成墓道。1953年，均被拆去，用作兴修水利。又据七堡汾阳里老者说，新会有一御赐牌坊在大泽，若果真是栋祖牌坊，就不应是乾道二年（1166年）定居会城，否则在会城立脚未稳，便违背原籍建坊意旨的规定。

⑧ 称：栋祖是否真有御赐牌坊，至今仍是一个未解之谜。

⑨ 考证后人还记：

李联宗祠，坐落于新会会城，曾用作瑞成小学，今已建起新厦。

李栋祠，建于新会会城水关头，道光乙酉（1849年）方落成，后毁而无修。

李侃祠，建于新会会城仁寿坊（今仁寿路中段），光绪甲辰（1904年）十二月祠成，现用作商场。

（3）评述。

从上所述可知，《云步谱》的确影响很大，后人踊跃考证，令人敬佩，有分歧，也很正常。可惜，有时视野窄了。

①《云步谱》记：李联于宋徽宗崇宁初监军入粤。而事实上，正如前面考证，这不合情理也不符史书典籍墓碑刻记载。如果既提李联，又提柱国伍公，又提李栋，那就不能回避伍珉入粤、去世"在高宗朝"的考证结论，不能回避南宋史。修宗谱只能依据正史考正误，而不能以宗谱为准绳论历史。

各种李氏族谱都提李联以御史职监军事，因为李联墓石刻的墓碑文"监军御史"是不能回避的。但是，李联以御史职不可能监先锋李垣江的军，李联是监柱国伍公的军，这是《云步谱》已认可了的。这样一来，柱国伍公墓石刻的墓碑文"宋高宗绍兴年间葬"也是不能回避的，柱国伍公高宗朝为岭南第十一将守南恩州并死于高宗朝的史载更是不能回避的。既如此，把李联出生时间记早百多年，又如何圆柱国伍公的史实？本已认可了的事，怎么又不管呢？忘了柱国伍公，只好说李联从福建乘船去海南了。

②《云步谱》对李联生卒年、李栋生卒年、李栋与禤氏入粤时间、李侃生卒年、李侃定居云步时间的记载是不妥的。后人依据的这些生卒年"考证"出李联不可能是李安政的孙子，结论虽对，但考证依据却是错的。

后人称："若李氏咸淳才南迁，则时间缺少近百年，历史事件不但无法排列，栋祖80岁去世（1087—1167年）更难以圆说。"

先生，说反了，正是把时间记早了上百年，使得历史事件不但无法排列，栋祖生卒年（1087—1167年）更难以圆说！

这些先生做考证，只依据族谱，而不去研究史料。不知道他们排列了什么"历史事件"？

《云步谱》自称"导源于明嘉靖庚戌（1550年），厥后古谱渐佚。至清雍正己酉（1729年）始再辑成书"。如果栋祖1167年去世，如何能在山河破碎、战火纷飞、流离失所的时局中又经历383年长夜至明嘉靖庚戌修古谱仍能记清楚各先祖的生辰忌日？后古谱渐佚，如何又能在栋祖去世562年后至清雍正己酉才再辑成书而各先祖的生辰忌日八字仍记录得准确无误？

③《道全祠谱》始修于1457年，比《云步谱》的始修早93年，侃翁的母亲禤氏又跟着弟弟伯翁生息，《道全祠谱》是不好"忽略"的。

其实，《云步谱》和《道全祠谱》记的栋祖"复返南雄，变产赍所有回广，至半途而卒。棕翁扶柩归葬"是一致的。请注意"回广"，就是回广州，回广州高第街，不是回新会。难道这"广"字还解为"广东"，解为"从南雄回广东"吗？归葬就是葬广州，不是葬新会。复返南雄前，栋祖本就住在"广州城高第里"，不是住在新会。

编写《始迁祖栋公传》的先生，您刚说棕翁扶柩"回广"归葬，怎么一下就把栋公葬到新会"会城西石狗岭之原"？如果栋祖本就住在新会，复返南雄变产后，根本就不必绕道去广州，直接走西江回新会好了。

因此，栋祖应是离南雄"先迁广州城高第里"，乱事稍定，栋公与弟复返南雄，变产赍所有以回广州，至半途而卒。棕翁扶柩，归葬栋公于广州。

大概，有人始终认为，因为新会有栋公墓，所以，栋公本就从南雄迁新会，栋公与弟复返南雄是从新会出发，变产赍所有以回新会（不是"回广"），棕翁扶柩回新会，把栋公葬到新会。

④ 后人所考孟太后到洪州（南昌）、至吉州、往虔州（赣州）的事迹与史书相符。史书还记载，建炎年间，各地勤王的人非常多，江西的贼也非常多，虔州更甚。

但是，孟后是高宗前三朝北宋哲宗的第一位皇后，可不要误为高宗的两宫。

从宋史可知，建炎三年（1129 年），孟后走洪州，并非是如后人所称的"金兵大至，两宫分窜"。建炎三年（1129 年）的时局，更没理由是李栋"先遣三子奉母南下"之原因。长江前线战犹酣，自己帅勤王师，怎么倒过来走，随营南渡，把兵带入粤，驻军南雄？

问题是《云步谱》为什么只提李联以御史职监军事，而不提伍氓入粤、去世"在高宗朝"的事？为什么不提胡妃事？

如果回避了胡妃导致珠玑巷民南逃事，把南迁之原因选了个"孟后走洪州"，圆了所记的祖孙生辰，也就不必圆贾似道的奸臣史实了，也就不必圆李联——伍氓入粤去世"在高宗朝"的考证，不必圆李联李栋祖孙的生卒年、入粤年的逻辑关系了。

⑤ 史书县志并无有关李栋、李栋勤王或李栋平虔贼的类似记载。《云步谱》是如何把李栋添入到建炎勤王队伍中去的？李栋披甲，是文臣？是武将？李栋墓已不见任何碑石留存，李栋夫人禤氏墓石刻的墓碑文则记李栋为"宋赠文林郎"。文林郎是文散官名，但不是职官，宋时为从九品上。南宋小朝

廷，常常勤王，勤王的平民百姓不少，是否真的参加了勤王，有功，宋赠文林郎呢？

不是的。在《道全祠谱》的《陇西李氏任堂翁世系图》中，"始迁祖"名下写道："讳栋，号任堂，宋朝人，以子伶救赠文林郎……"明确记下了李栋获文林郎称号的原因，是因他的第三子伶而获皇恩救赠的。伶做了浙江天台知县，光宗耀祖是也，与李栋是否勤王无关。

南雄珠玑巷李氏大宗祠内有李栋画像（见附录图6），显系文臣，不是武将。当然，此画像"仅供参考"，但若真有披甲数十年，总该有遗迹，使画像显现武意。该画像解说文写栋祖为"南宋天台知县，太常寺正卿"，该是误传。既是知县、正卿，何需"救赠文林郎"？

⑥ 当然，不论是否文林郎，都可以勤王，而对于李栋的披甲、解甲，有后人曾考证说：1164 年宋军败，签《隆兴和议》；两年后，1166 年，栋祖镇关粤北 39 年，79 岁才老年解甲。1167 年，栋祖复返南雄，变产赍所有回广，80 岁"死于回穗渡船上"。

又有后人断定：1127 年，不是未及顾家，并未先遣三子奉母南下，而是自己帅勤王师，驻军在南雄沙水村，镇关粤北 15 年后，到 1142 年宋金《绍兴和议》实现之后，才释兵，55 岁壮年解甲，并与棕弟一起南下，汇合家眷同迁"新宁古冈州"。如果栋祖 1166 年老年解甲，"这样，很难保证一次来回便能成功处理好遗产……"

新宁是台山，古冈州是新会。不知原文想说什么。

1127 年，靖康耻，"李栋帅勤王师镇关粤北"；1142 年，"镇关粤北 15 年"，秦桧杀岳飞，李栋"见事不可为，55 岁壮年解甲"，南下新会；或者，1166 年，李栋帅勤王师"镇关粤北 39 年，79 岁才老年解甲"，南下新会。反正，要把李栋描绘成：帅勤王师镇关粤北，稳坐钓鱼台。

且不管披甲、解甲之辨，仅就栋祖离南雄南迁的时间而论，再梳理一下可知，《云步谱》、后人观点多有不同，有如下几种看法：

栋祖高宗建炎三年（1129 年），先遣三子奉母南下；

栋祖高宗绍兴二年（1132 年）45 岁南迁广州，复徙新会，在广州、新会生活 35 年后去世；

栋祖高宗绍兴议和后（1142 年）55 岁南迁新会，在新会生活 25 年后去世；

栋祖孝宗乾道二年（1166 年）79 岁南迁新会，1 年内去世。

在新会生活了25年、35年，还不早回南雄变产？《云步谱》中《始迁祖栋公传》不是明明记下栋祖"与弟复返南雄，变产赍所有回广，至半途而卒"吗？《云步谱》可是认可栋祖卒于1167年的。如何圆说？

⑦ 后人曾访寻栋祖墓，传说在山脚有石门楼，两石狮守护，十多条狮头圆柱——夹石旗杆，石兽、碑石墓道，御赐牌坊。既如此，不是像王爷了吗？粤北勤王，稳坐钓鱼台，能封王？

如此"陵墓"，《宋史》不载，《广州府志》不载，《新会县志》不载，栋祖夫人墓碑只刻记"宋赠文林郎栋翁始祖妣"；在长子老大定居的新会生活了25年、35年的五邑李氏一世祖栋翁的墓，现如今仅是一小土堆，墓碑也没有。呜呼哀哉！

⑧ 将上列"后人文章"与《始迁祖栋公传》的原文相对照，关键一字"源"成了"元"，原文"金源炽乱"被后人改成"金元炽乱"，意思变化大矣。后人把本来意思是源源而来的"源"变为易使人误解作144年之后才建国的"元"。

南宋历史告诉人们：南宋理宗端平二年（1235年）以前，只提金兵入侵，因为蒙古汗国尚弱；南宋端平二年（1235年）开始，只提蒙军入侵，因为金朝已亡；度宗咸淳七年（1271年）开始，大元建国，才有元兵入侵。宋徽宗、钦宗时，是没有元兵的，靖康二年（1127年），入侵的是金人。

许多家谱、族谱、网上文章常常在度宗咸淳七年（1271年）之前用"元崖黎内扰""元崖内扰""金元炽乱""金元作乱"等词语，元若是指蒙古元兵，那便是错的。时序不清，行文含混，违反历史。

这里，又一次显示了原著的重要性。查清了后人的所谓"金元炽乱"原来是"金源炽乱"，找到了源头。本意是金兵源源不断南犯，被改为金兵、元兵接踵南犯。如果"元崖黎""元崖"的"元"本是"源"，还原成"源崖黎内扰""源崖内扰"，意思是源自崖黎内扰，或者说崖黎源源不断内扰，都通。否则，"元崖黎""元崖"真不知何解。

⑨ 有文章称：《云步谱》"始修于明代嘉靖年间，已经是侃祖落籍云步三百年后"。始修是1550年，意指1250年（南宋理宗淳祐十年）左右侃祖落籍云步。可是，"生于徽宗政和五年（1115年）"的侃祖这时135岁了。又有文章称：李侃于南宋高宗建炎初（1127年）定居云步。可是，生于徽宗政和的侃祖这时才12岁。如何落籍定居？

两说都不对。

⑩《云步谱》历经六年艰辛，四十七册，三千八百二十五页，得到多位民国名人题字，正式出版，对外发售，殊为不易，深受尊重。但也存在一些错误，"民国名人"是发现不了的。这些错误，如被后人认为也是正本清源的依据，那就是开历史的玩笑了。

3. 古家谱记载

《道全祠谱》保留有四篇古序，前两篇即明景泰八年，严贞所撰《家谱引言》和黎贞所撰《陇西堂李氏族谱序》，都是为李守庸修的古家谱《陇西堂李氏族谱》而作。说的是明景泰八年李守庸修古家谱时，"率其子弟，详加讲求，旁稽百数十年"，"备陈往迹"，"宋季有栋翁，配褟氏，生三子：长侃、次侚、三伯，由南雄珠玑巷迁广郡之高第街……"。

严、黎引言作序于明景泰八年，其标明的写作时间和内容是无可置疑的。明景泰八年即 1457 年。这就是说，李守庸详求"百数十年"来先祖事迹，追寻到栋翁南迁，时间是在百数十年前，正是南宋度宗朝（实为 1273 年）。如果栋翁南迁时间是在北宋钦宗朝（1127 年），或南宋高宗绍兴二年（1132年），或绍兴议和年（1142 年），明朝李守庸应该说"旁稽三百数十年"。如果栋翁南迁时间是在南宋孝宗乾道二年（1166 年），也该说"旁稽二百数十年"。

后两篇是清康熙癸丑年（1673 年），余玉成的《李氏族谱序》以及李之任的《重修伯祖一支谱序》，说："宋咸淳八年，栋翁与其弟棕翁及三子侃、侚、伯迁广州高第街，栋翁没，三子复奉母褟氏迁古冈之德行都筋竹坑。"

显然，对于宋代栋翁南迁，明景泰八年（1457 年）的古序记载远比 471年后民国年间的新谱《云步谱》记载可靠得多。比 93 年后明嘉靖庚戌（1550年）始修的《云步谱》也应更可靠。

古序的记载证实，栋翁离珠玑巷南迁广州高第街的时间，是在南宋度宗朝，而不是在更早一百几十年前的北宋钦宗朝或南宋高宗朝。清康熙癸丑年（1673 年）的古序记载，更明确是南宋度宗咸淳八年，栋翁与其弟棕翁及三子侃、侚、伯迁广州高第街，栋翁卒，后来三子才奉母褟氏迁新会。这里记的"咸淳八年"，意味着决定南迁，与实际动身的咸淳九年并不矛盾。

4. 李栋出生时间与南迁

鉴于前文已对李联出生时间、入粤时间做出的考证，李栋不可能生于北宋哲宗元祐二年（1087 年）。

柱国伍公与胡妃事件都是史实，历史时间点与李联、李栋祖孙年龄关系合理。宗谱要服从史实，传说要服从正史，事情要符合逻辑道理。尽管胡妃事件过程细节不确，但南雄珠玑巷民大量南迁的事情和时间是可信的。明景泰八年（1457年）、清康熙癸丑年（1673年）的古序记载是可信的。

李栋迁居广州是避胡妃事件。李栋与弟李棕及三子侃、俹、怡离南雄珠玑巷迁居广州高第街素波巷的时间，应是南宋度宗咸淳九年（1273年），是年，李栋卒。此记载合情理也符史书、古家谱。李联长孙李栋大约生于1188年，即南宋孝宗淳熙十五年左右。

咸淳九年（1273年）的广州，高第街素波巷已被划入1210年新筑的广州南城范围内，但离西澳很近。从南雄沿浈水、北江顺流而下，再经石角走当年的北江主流白泥河南下至石门入广州，十分便捷，也许两三天可达。李栋一家南迁，很可能就是这样走的。从广州西澳附近上岸，到高第街素波巷安下家，顺理成章。栋祖安家后，复返南雄，变产赍所有回广，云步后人不是说栋祖"死于回穗渡船上"吗？棕翁扶柩归葬，乘船更是最佳选择。

家族的迁徙，特别是在古代，离乡背井，都有深刻的历史背景。李联入粤，是因"崖黎内扰"奉皇命要到南恩州"镇抚粤边"。李栋入粤，是因"虔（今赣州）寇频乱"，要躲让到较安定的近邻南雄生活，距离他的老家就隔座山，很容易"常回家看看"。李栋一家离珠玑巷南迁是避胡妃事件，是逃难，仓促而走，到广州安顿下来，不得不重返南雄处理固定资产。后来，迁居新会，怡、俹奉母禤氏再迁台山、开平，这与他们的曾祖李联墓葬台山有关，更与元兵逼近新会有关。因为，栋公一家南迁广州三年后，1276年，元兵攻破南宋都城临安，恭帝被俘，端宗赵昰在福州继位。之后两年内，端宗向广东逃亡，途中病死，南宋幼主赵昺1278年继位。再过一年，1279年，新会崖门海战，幼主投海，南宋亡。形势如此，俹、怡等自然离新会沿潭江向台山、开平继续逃难西迁。这也从侧面表明，栋公一家南迁的年代在宋末咸淳年是合理的；和曾祖李联入粤的年代关系是相一致的、合理的。我们先祖的播迁，跟随着时代的脉搏。

如果说，高宗建炎三年（1129年）金兀术挥军过长江，远在几千里外的栋祖家人和南雄民，未闻风便南逃；或者，高宗密旨屠虔州，栋祖家人和南雄民便南逃；或者，高宗绍兴年间（1142年），秦桧杀岳飞，李栋"见事不可为"，就南下新会；到孝宗初期（乾道年间，1167年后），俹、怡就奉母离新会向荒凉、陌生的台山、开平西迁。但是，高宗、孝宗这两个南宋初帝，江山尚稳，赵宋皇朝还有150—112年气数，李栋为何南下？而广州、新会远比台山、开平富庶，土地多，直到清光绪，笔者的祖父还要从台山到新会谋生呢，徇、伯们为何忙着西迁？做考证的后人，是如何"排列历史事件"的？如何能把联、栋、徇、伯祖孙的入粤、南下、西迁和正史志书记载、伍珉墓刻、《道全祠谱》古序记、时势等有机地联结起来？

要是认为李联在北宋徽宗崇宁初年（1102 年）入粤，他的孙子李栋就只能在高宗建炎或绍兴年间南下，继而家人西迁。而这一对时间点就必须面对史证、墓刻、古序、时势、逻辑等诸多事实。显然，这是考证后人"排列"不了的。

5. 关于李文庄

这与本书主线属旁系关系，但值得一叙。

李乔木，字楹础（楹楚），号振堂，谥文庄，李联次子凌江之长子。按有的文章记，生于宋徽宗建中靖国元年（1101 年），卒于高宗绍兴十七年（1147 年）。跟随始祖栋公迁居台山。祖姚伍氏，伍相国之女。

《云步谱》中《陇西李氏族系考》一文载："……銮既卒，长子禧、次子源仍居江西吉安。源有子四人：曰楹础，为宋兵部尚书，曰柱硕，曰师道，曰友闻。其后以次自赣入广。"禧即梧江，源即凌江。

有一本较有影响的族谱《李文庄公家乘》，编纂于光绪二十八年（1902 年）。

查阅有关史料志书得：

《广州府志》卷八十六《古迹坊表》中，新宁县下有"宋尚书坊在城内平政街，为李乔木立"的记载。

《阳江县志》中，有"宋尚书李乔木墓在纱帽山，即官山，相传尚书征黎，道经南恩，卒葬此"的记载。

《阳东县志》（2009 年）记："李乔木，汴梁（开封）人，宋建炎（1127—1130 年）登进士，官至兵部尚书，绍兴年间（1131—1162 年）抗疏数千言忤权奸，被谪岭南，适海南黎民反叛，朝议乔木可托，奏复原职往征"，"复命时经南恩州卒，葬于今阳东县东城镇纱帽岭，名为官山"。

《新宁县志》记：李乔木，字振堂、号楹楚，谥文庄，李联之孙。生于宋徽宗崇宁二年（1103 年），高宗绍兴十七年（1147 年）征琼黎，授兵部尚书（有敕命书）。卒于高宗绍兴十七年（1147 年）。死后葬于今阳江官山（墓现今尚存），宋高宗亲定祭文。

评述：

（1）《广州府志》中记载有李乔木其人，但没有记载征琼黎其事。《宋史》《新会县志》中，没有有关李乔木、征琼黎的记载。新宁县，明朝才设置，旧属新会县。《新宁县志》记了开县之前的宋朝事，当是采集间接材料。

（2）即使是李乔木墓所在地的阳东县，2009年新修的《阳东县志》都没有明确李乔木的生卒年。其入粤时间只记为"绍兴年间"。此说是否可靠？存疑。

（3）李乔木入粤原因是什么？《阳东县志》说是他忤权奸被谪岭南，适逢海南黎人叛，复兵部尚书原职往征。李乔木入粤时间、平黎怎么和李联入粤时间、平黎那么相近？以兵部尚书职平黎，可谓大矣。为何宋史不记？伍相国—李联平黎，和李乔木平黎都在高宗绍兴年间，那是两回事吧？还是一回事，记错了？李乔木被谪岭南，海南黎人叛也不关他事啊，有兵力强大的广南西路管着呢。广西有第十二将、第十三将，兵多，如果李乔木去平海南黎民反叛，就该去广西报到、任职、调部队。宋时的广东军，只要镇戍好南恩州就行，不能到广西的地盘海南去平黎民，那些到海南平黎的说法只是少读书的地方秀才们的想当然。

（4）按有的文章，说是李乔木跟随始迁祖栋公迁居台山。祖妣伍氏，伍相国之女。照此说来，既然李乔木是李联次子凌江之长子，而李栋又是李联长子梧江之长子，那么，李乔木便是李栋的堂弟弟了。伍相国与李联同时入粤，如果说李联孙李乔木婚伍相国之女伍氏，不能说不合理。但婚伍相国之孙女，似乎更合理。而且，2009年新修的《阳东县志》说李乔木是在高宗绍兴年间（1131—1162年）平黎入粤，怎么又说李乔木是跟随李栋迁居台山？李栋根本就没有到过台山。李栋迁居广州可是在度宗咸淳九年（1273年），是一百几十年以后的事！或者，既然李乔木是李栋的堂弟，如果在度宗咸淳九年（1273年）跟随李栋入粤，这时间合理，就绝不可能在一百几十年以前平黎入粤！谁对？

看来，一些县志、家谱对其事迹、生卒时间的记载有误。

（三）李联世系

1. 李联与李安政的从属辨

陇西堂李氏入粤始祖，有说是李联，有说是李安政，再从以下三个方面详加辨析，李联与李安政的关系问题便水落石出。

结论就是：在唐朝中期德宗时西平郡王李晟之后，各儿子开始分枝，其中两个儿子分枝到宋朝的后裔分别是李联与李安政，他们各有其前代先祖，各有其后代世系。

（1）出生时间。

通过上述详细严谨的考证，结果表明：

李联大约生于北宋哲宗末徽宗初（1100 年左右），卒于南宋高宗绍兴三十一年（1161 年），寿约 61 岁。李联与柱国伍公入粤时间是在南宋高宗绍兴三十年（1160 年），李联入粤时约 60 岁。

李安政生于北宋哲宗元祐五年（1090 年），卒于南宋孝宗淳熙二年（1175 年），寿 85 岁。李安政入粤任广南东路知广州的时间是在南宋高宗绍兴三十一年（1161 年）十一月，南宋孝宗隆兴元年（1163 年）十一月十二日放罢（免职）。李安政入粤时 71 岁。

就是说，李联与李安政都出生于北宋哲宗时代，年龄相近，李联比李安政小约 10 岁。李联与李安政入粤时间都在南宋高宗绍兴末期，但李联入粤时间比李安政早一年。李联绝不是李安政之子，也绝不是李安政之孙，李联与李安政没有从属关系。

有人考证称，《云步谱》记载李联生于北宋仁宗景祐三年（1036 年），李联年龄比李安政大 54 岁，所以李联不可能是李安政的孙辈。但是，本书考证结果表明，《云步谱》载李联出生时间有误，李联出生时间应在北宋哲宗末徽宗初（1100 年左右），李联年龄比李安政小约 10 岁，同样，李联不可能是李安政的直系子孙辈。

（2）墓考。

再细究一下温太夫人墓同治八年（1869 年）重修碑、安政公墓 2003 年重修碑、安政公墓重修名列碑的碑文，则又是一个佐证。

温氏墓同治年重修碑碑文记载：安政公"支派繁衍子孙罗列星居"地只有"南番增清从鹤各邑以及惠府"。

这意味着：安政公支派子孙繁衍在南海、番禺、增城、清远、从化、鹤山、惠州各邑，连广州都未提及；而新会、台山、开平、恩平等地域李氏不属安政公支派；梅州、潮州等粤东地域李氏也不属安政公支派。

安政公墓 2003 年重修碑碑文改为："子孙遍布广州、从化、花都、佛冈、清远、龙门、新丰、增城、惠州、东莞及南、番、顺、四邑。"

从碑文内容看，安政公墓重修碑记显系抄录温氏墓同治年重修碑，"四邑"两字是勉强加的！再从安政公墓左面重修名列碑看，碑文记载了重修的组织和各村捐资名单，重修名列碑碑文记载，2003 年的重修，是由侨居纽约的一位台山美籍华人李教授发起，联合了广州杨箕村、从化两地李氏后人共同组织的。捐资名单大都是广州市杨箕、天河、程界、棠东、从化、吕田、花都、增城以及佛冈、新丰的各个村，此外就是笼统地、极个别地提及鹤山、南海、顺德。台山只有那位美籍李教授发起人，开平只有一位美籍华人。

重修发起人既然是一位台山美籍华人，却没能动员到更多台山李氏，没能动员到更多新会、开平、恩平、鹤山等五邑地域李氏，概因五邑李氏尊的始祖是李联—李栋。

其实，台山、开平那两位美籍华人的先祖也不会是安政公。如果那两位美籍华人看到本书考证，也许，他俩就不会发起和参予重修安政公墓、温太夫人墓了。

按：这里提及的天河即天河村，位于今广州市广州大道以东黄埔大道以北的夹角位置，原名大水圳村，建于宋代，村民宗姓为李姓，民国十六年（1927 年）改名天河村。村东有 1931 年建成的天河机场，村西临沙河涌，村西南不足 300 米处就是杨箕村。如今，天河、程界、棠东都属广州市天河区，杨箕村属越秀区，而在新中国成立前，这四个村都属番禺县。故温氏墓同治年重修碑没有提广州，2003 年的安政墓重修碑新加了广州。今从化、吕田、花都、增城也属广州市，佛冈是广东省清远市下辖县，新丰是韶关市下辖县，龙门是惠州市下辖县。

（3）族谱记载。

族谱是一种非常复杂的资料，不能完全作为考证根据，但在许多事情上，又能提供十分重要的信息。

前文已指出，《安政公世系》中对李良及良房后人记载简陋缺失。《安政公世系》中记：

一世祖安政公生明、良、登、丰（又名瑛、珍、球、琼）四子。二世祖良公，号珍，安政次子，分支顺德，生卒年缺，生一子名茶。三世祖茶公，良公长子，住顺德大门纸岗等，生一子名昌宜。四世祖昌宜公，良房茶公子，生汝明、汝翼、汝霖、汝贤、汝为、汝珍六子（五世祖）。

有人说：安政放罢吕田后，还把儿子、孙子带到从化吕田，开荒种地，并在麻村等多处地方安家落户，安政百年归老后田产分给四个儿子，每个儿子有四十亩之多。

但又有人反对，说：安政四个儿子都是在外做官之人，安政放罢吕田时，已届而立之年的四个儿子不可能在吕田务农，明公退休后就居住在麻村，良公退休后就居顺德，丰公退休后居广州，只有登公退休后居吕田纸峒。

按《安政公世系》，安政1161年入粤时，明、良、登、丰分别为28、26、23、21岁；1163年安政放罢时，分别为30、28、25、23岁。四个儿子不能说都已到而立之年，但都已到做官之年，是否都做了官？且不管。总不该都带到吕田开荒种地吧？

2004年，李安政第五代登房广东新丰后裔出版了《陇西李氏族谱》，其中《李氏谱系序》载：

……西平郡王讳晟，字良器，公于唐有大勋，谥忠武王。其裔十有五，俱藉藉有贤声。而最著闻者有三：愬，字元直，官至右仆射；愿，字尚洁，为武宁节度使，后隐而不仕，归于盘谷；宪，字张武，为岭南节度使，追封陇西郡王，后裔安政……官至广州路刺史……

根据该族谱载：唐西平郡王李晟有十五个儿子，最著名者有三个：愬、愿、宪。李安政先祖是李晟的儿子李宪。李安政钦任广州路刺史，葬于从化吕田，夫人温氏葬于广州白云山。安政三子登，生于1138年，卒于1206年，葬从化马鞍山蚁仔地，山形罗裙铺地。第四代登房先祖于元至正年间，由从化吕田镇纸洞村迁居新丰县梅坑镇李家村开基。第五代登房后裔散布于新丰、从化、增城、韶关、连平、东莞、深圳、广州（老七区）等地。此族谱对明、良、丰三房没有任何叙述，绝大部分篇幅写的是第五代登房后裔。

安政后人说的明、登二子退休后居住地都在从化，良公退休后居顺德，只有丰公退休后居广州。此处说的"退休"，不意味都做了官。但登房族谱明载，李登实葬于从化马鞍山蚁仔地，这就证实了笔者实地考察时，根据外形的推断：广州白云山温氏墓东侧的明、良、登三兄弟同葬墓就是个虚葬墓。

如果李联是李良之子，那么，李联作为"岭南监军御史"，官衔也不小，《安政公世系》怎么会不记载？李伯任浙江天台知县，《安政公世系》怎么会不记载？

再来看看李联、李栋族人族谱所记。

《云步谱》记，唐朝中期德宗时，李晟（727—793年）功授西平郡王，李晟有子愬。愬的后裔孙是李联。李联父是翔泰。

《道全祠谱》记，明嘉靖年间，何孟伦撰《陇西李氏世系记》，考证了宋代之前的李栋世系，写下"李氏……唐有靖……有晟、有愬……"这里，提晟、愬，没有提晟的其他知名儿子愿、听、宪，似乎意味着李栋的唐朝先祖是西平郡王李晟子李愬。

李联、李栋族人族谱所记先祖明明是唐朝西平郡王李晟子李愬，李安政族人族谱所记先祖明明是唐朝西平郡王李晟子李宪。李宪、李愬是两兄弟，是不同的两个人，后人又怎么会把李安政与李联变成直系子孙的关系？

从"第四部分　《道全李公祠族谱》辨析"中可清晰地看到，无论如何，李安政族人族谱所记的子孙姓名、生息地，与李联、李栋族人所记的子孙姓名、生息地毫不相干！

如果有李安政族人的族谱资料写入了安政族人有联（銮）、梧江、凌江、垣江、栋、棕等名，或者相反，如果有李联、李栋族人的族谱资料写李联、李栋族人有安政、明、良、登、丰等名，那就是近代安政后人和近代李联、李栋后人未加考证，错接世系的结果。

清乾隆时，道全祖祠建于广州城中心。安政公身为大宋钦命广州路刺史，夫人温氏墓恩赐修葬在广州市白云山御书阁，后代却落户在杨箕、天河、程界、棠东等地，在宋代，已离广州城很远很远了，他们何以未能在广州城中心建祖祠？何以没有共祀道全宗祠，而留在从化、吕田，或散居到花都、佛冈、增城、新丰等地？显然，李联—李栋族人与李安政族人是李氏的两枝，没有从属关系，连远亲都不是。

2. 李联先祖

数百年来，各地收录的谱牒极为分散，大多是手抄、传抄、据传说编修或据手抄本排印。散布世界各地不同版本的入粤李氏族谱，起码有五种：第一种是从李联算起，联翁子是梧江、凌江、垣江，梧江子是栋、棕，栋翁子是侃、侑、佁；第二种是从李安政算起，安政子是明、良、登、丰；第三种是从李栋算起，栋翁子是侃、侑、佁；第四种是将李联列为李安政的直系孙，联父是良，良父是安政，联子是梧江、凌江、垣江，梧江子是栋、棕。第四种显然是错的。还有第五种，粤东地方的李氏族谱会认为，其入粤先祖是福建系李氏。

根据前文考证确认，李联与李安政分属愬、宪二系，李联先祖是李愬，李安政先祖是李宪。李愬、李宪的父亲是同一人：一千二百多年前唐朝中期德宗时西平郡王李晟（727—793 年）。

据《旧唐书》"列传第八十三　李晟"载："晟十五子：侗、仙、偕，无禄早世；次愿、聪、总、愻、凭、愬、宪、憼、懿、听、慭、㦤。聪、总官卑而卒，而愿、愬、听最知名。"李晟十五个儿子中最知名的是李愿、李愬、李听三个，李愬排行第十一。

据《新唐书》"列传第七十九　李晟"载："有十五子，其闻者愿、宪、愬、听云。"李晟十五个儿子中最知名的是四个，增加了李宪，排行第十。

《新唐书》对李愬的武功、战绩有详细描述。李愬，字元直，善用人，有筹略，善骑射，行已俭约，卒年四十九，赠太尉，谥曰武。对李宪的记载仅一行字，说他"善治律令，性明恕，详正大狱"，卒于官下。

有人记愬为李晟第八子，是未算早逝的三兄长；而记宪为李晟第二子是搞错了。

至于从唐德宗至明嘉靖，相距 800 年，唐末五代十国，北宋靖康之难和南宋崖门之亡，蒙元异族入侵，世乱飘荡，颠沛流离，典籍散佚可想而知，更别说逢盛世修谱了。明嘉靖修《云步谱》古谱时，如何能 800 年来历代先祖一代不漏，他们生卒的年、月、日、时辰都准确地记录并考证得清楚呢？比《云步谱》古谱的始修早 93 年的《道全祠谱》古谱，对宋代入粤先祖也仅能粗略记载。漏误是允许的、正常的。

四、小结

根据《宋史》《建炎以来系年要录》《宋会要辑稿》《广州人物传》等宋明史料，根据大量地方志、族谱、墓葬碑文、历代简史和地理学文献的查证对比分析，可以得出：

（1）古今地理差别十分巨大，清楚了地理及其变迁，对本书考证有重要意义。

（2）北宋徽宗时发生过的海南黎患仅是局部小事，已由广南西路知桂州王祖道摆平，并未牵涉广南东路。

（3）高宗绍兴三十年夏（1160 年），海贼陈演添在南恩州边境掳劫；黎人王文满攻破琼州定南寨，抢掠临高、澄迈二县，后王文满被逐、流窜。这是李联—伍柱国公高宗朝入粤镇守南恩州以防崖黎内扰的史据。

（4）李联，广东五邑李氏入粤始祖，大约生于北宋哲宗末徽宗初（1100年左右），卒于南宋高宗绍兴三十一年（1161 年），寿约 61 岁。李联与伍柱国公带兵由福建过南雄，于高宗绍兴三十年夏（1160 年）入粤，目的是镇抚粤边，目的地是到南恩州屯营。入粤时先锋垣江大约 20 岁。李联溽阳（广海）病卒，葬于峨嵋峰下柯木迳，垣江斩指殉葬。李联夫人朱氏、陈氏，生三子：梧江、凌江、垣江。梧江生二子：栋、棕。李联夫人朱氏、陈氏墓在今开平岘岗东山黄竹脑。

（5）伍珉，伍柱国公，于高宗绍兴三十年夏（1160 年）入粤，为第十一将驻守南恩州，时五六十岁，两年内死于任上，葬在今阳江象山。

（6）一些家谱所记在徽宗崇宁初（1102 年）、靖康二年（1127 年）、高宗绍兴三十一年（1161 年）、理宗宝庆末年（1227 年）等时间上，采用"金元炽乱""金元入侵""金元作乱""伍珉抗元""元崖黎内扰""元崖内扰"等词语，元若指蒙古元兵，那便是时序不清、违反历史。"金元炽乱"一语源于《云步谱》中的《始迁祖栋公传》，原著写"宋靖康间，金源炽乱"，本意是金兵源源不断南犯，被后人改为"宋靖康间，金元炽乱"。

（7）贾似道逼度宗送胡妃当尼发生于咸淳八年（1272 年），珠玑巷民南逃南迁时间发生于咸淳九年（1273 年）。有关胡妃去向、后事和珠玑巷民大批南逃、南迁事，传说版本颇多。但度宗与胡妃没有子嗣，那种"取胡妃子为东宫"的记述是错误的。

（8）建炎三年（1129 年）的时局，不是李栋"先遣三子奉母南下"之原因。李栋帅勤王师随营南渡，入粤驻军南雄不合情理。

（9）李栋，广东五邑李氏始迁祖、一世祖，大约生于 1188 年，即南宋孝宗淳熙十五年左右，卒于度宗咸淳九年（1273 年），寿约 85 岁。夫人褴氏，生三子：侃、侚、伯。考证确认了李栋举家离南雄南迁广州的原因、时间、经历、病卒、墓葬和三房分居过程。从历史上、形势上、地理上指出了侚、伯等向台山、开平西迁的原因和路径。

（10）李安政族人所记的子孙姓名、生息地，与李联、李栋族人所记的子孙姓名、生息地毫不相干。广东李氏入粤始祖有多支，如李联一族、李安政一族，分属不同世系。李联先祖是唐朝中期德宗时西平郡王李晟（727—793 年）第十一子李愬，李安政先祖是李晟第十子李宪。按《云步谱》载，李联父是翔泰。

（11）李乔木，李联次子凌江之长子。一些县志、家谱对其事迹时间的记载有误。

（12）李安政，号如冈（或如岗），生于北宋哲宗元祐五年（1090 年），南宋高宗绍兴三十一年（1161 年）十一月任广南东路知广州，孝宗隆兴元年（1163 年）十一月放罢，居于广州从化吕田。孝宗乾道九年（1173 年）八月，李安政夫人温氏卒，葬在广州市白云山蒲涧名御书阁，而墓侧的明、良、登同葬墓是个虚墓。孝宗淳熙二年（1175 年）三月，安政卒，葬于广州从化吕田镇今吕田中学校内。安政三子登，葬从化马鞍山蚁仔地。

第四部分　《道全李公祠族谱》辨析

一、概述

《道全李公祠族谱》（简称《道全祠谱》）是一本影响很大的基础谱，很多台山李氏家谱的早年情况都据此而修。南雄珠玑巷李氏宗祠编修委员会编修的 2006 年版《李氏大宗祠》纪念刊，珠玑巷李氏大宗祠内祭祀祖堂左侧悬挂的《陇西堂李氏世系图》都深受其影响。在数不清的李氏家谱、族谱中，在追寻广东李氏世系中，《道全祠谱》占有重要地位。

然而，《道全祠谱》又存在重大缺憾和错误。网上文章有所评介，却又模糊不清。究竟错在哪里？又是如何误的？什么时间开始出现错误的？原谱是怎么写的？

当时，本书考证工作曾经一度停滞，陇西堂李氏入粤始祖的考证无法进行下去，李氏入粤与南迁的记述依据也难以确认。

家谱关系祖宗血脉，立言应有据，来不得半点揣测。《道全祠谱》原著成了考证的重要对象。必须掌握原著，对原著进行全面的阅读分析，才能弄清来由，明辨是非，正本清源。

终于，笔者依靠聪明能干的女儿李天青，通过美国犹他家谱学会获得了《道全祠谱》原著，特在这里另辟一部分专门论及。

李伱，号道全，广东五邑李氏入粤始祖李联的曾孙，五邑李氏二世祖，台山李氏二世祖，南宋时人，任浙江天台县知县。

入粤始祖李联生三子：梧江、凌江、垣江。梧江生二子：栋、棕。栋生三子：侃、徇、伱。李栋被尊为五邑系李氏始迁祖、一世祖、台山李氏一世祖。李栋的第三子就是李伱（道全）。道全翁夫人禤氏，生三子：雁云、雁川、雁杳。

清乾隆四十一年（1776 年），道全翁三大房雁云、雁川、雁杳后裔各派捐金，"用银叁千陆百两"，在广州买吉地，兴建道全李公祠。乾隆四十二年十二月（1777年）上梁，乾隆四十四年三月（1779年）落成。道全祖祠地原契券存沙堤派子孙收贮。道全公及禤氏太孺人真像存邦头派子孙收贮。

最早的五邑系李氏古家谱为明景泰八年（1457年）所修。清康熙癸丑（1673年）重修。清乾隆四十五年（1780年），再修李氏族谱。民国六年（1917年），第四次修李氏族谱。随后，将新编族谱交新昌醒华印务书局承印，由此，风行中外、定名为《道全李公祠族谱》的铅印本正式出版问世。

1976年，美国犹他家谱学会将所得到的一本《道全祠谱》拍摄成缩微胶卷保存（见附录图33）。所得到的该谱书，书末还贴有剪报文章，这些文章原来刊登在民国早中期的报纸杂志上，影印时一并拍成胶卷保存了。笔者所得，是为《道全祠谱》影印版。必须明确，美国犹他影印版包含了两部分内容：一是新昌醒华印务书局承印的铅印本《道全祠谱》；二是书末贴的剪报文章。这些剪报文章，并不属于《道全祠谱》。

另一本影响很大的基础谱《云步李氏宗谱》始修于明嘉靖（1550年），清雍正（1729年）再辑，1927年重修，1928年正式出版。对比可知，《道全祠谱》的重要性是很高的。

在本书中，前面三个部分均以栋（任堂）翁为五邑李氏一世祖排序，但《道全祠谱》以栋翁第三子道全翁为一世祖，以栋翁为始迁祖，因而在本部分，按原谱，以道全翁为一世祖排序。原谱并无标点符号，且全为繁体字，括号内的地名注解为原谱所有，词、字如有不妥，也是原文如此。括号内的公元年份是笔者所注，断句是笔者所为，汉字采用了简体。敬请阅者注意。

二、出版背景

撰文留名，出书记时。然本谱书仅是写序署名，族谱谁修？修的何谱？何时出版？交代不清。下面，姑且依文推断修谱名称和出版过程。

明景泰八年（1457年），古冈李守庸修《陇西堂李氏族谱》，请严贞撰《家谱引言》。雁云房六世祖成秀翁等出示《陇西堂李氏族谱》，请黎贞撰《陇西堂李氏族谱序》。

明嘉靖三十三年甲寅（1554年），伯翁后裔为对家谱作考，请何孟伦撰《陇西李氏世系记》。

清康熙壬子年（1672年），雁川房十五世祖李之任重修伯祖一支的族谱，康熙十二年癸丑（1673年）得《佁祖族谱》，亲自撰《重修佁祖一支谱序》。雁杳后裔允胤斐成请余玉成又题《李氏族谱序》。

清乾隆四十五年庚子（1780年），广州道全李公祠已落成，李绥再次重修了李氏族谱，写下《论修谱之缘起》《避祖讳论》。再修族谱时，为了避祖讳，不叫佁，而明其号曰道全，取名《道全李家族谱》。雁川房二十一世祖李兆梅请蔡新撰《重修族谱序》。

民国六年（1917年）旧历七月廿四日、廿五日，道全翁三大房雁云、雁川、雁杳后裔举行秋祭，修改了《道全翁祖祠规条》，集体议决出补充规条《明年祭期办法》，以燕翼堂公众议决的名义，于"民国六年旧历七月"公布。道全翁后裔还决定对李绥再修的《道全李家族谱》进行增补，重新编辑，第四次修谱，写下《自南雄迁居广州来历》《纪所葬之坟墓》，定名为《道全李公祠族谱》，然后，交付新昌醒华印务书局承印出版。

数十年后，有人将一些剪报文章贴在自己保存的一本谱书末，此谱书为美国犹他家谱学会所得到。1976年，美国犹他家谱学会将所得到的此谱书连同剪报文章进行摄影，制成缩微胶卷版的《道全李公祠族谱》保存。

明景泰八年（1457年）的李守庸古谱《陇西堂李氏族谱》、清康熙癸丑年（1673年）李之任重修的《佁祖族谱》、清乾隆四十五年（1780年）李绥再修的《道全李家族谱》，原件均已不知何在。

三、关于出版时间

中外图书馆、各种家谱族谱组织所编写的图书手册资料，发表于报刊的族谱考证和所有网上文章，都把《道全祠谱》出版时间写成是民国六年（1917年）。美国犹他家谱学会在它的缩微胶卷版说明中，虽说"作者不详""出版地不详"，出版时间也记作是"民国六年（1917年）出版"。

在《道全翁祖祠规条》中，记有"民国六年旧历七月议决"字样，也许，正是该处秋祭议决的时间，使人揣测此谱书是在民国六年（1917年）出版的。

其实不然。

在《道全祠谱》封面、封底、扉页中，任何地方都没有"民国六年出版"几字。而通过对本族谱深入阅读，却可以得出答案：《道全祠谱》的出版，不是在民国六年（1917年）。

事实是，民国六年旧历七月廿四日（1917 年）秋祭，对《道全翁祖祠规条》进行了修改补充，经过酝酿，还决定以清乾隆四十五年庚子（1780 年）《道全李家族谱》为基础，进行增补，以便正式印刷出版。这样，就要组织收集新资料，将秋祭后制定的《明年祭期办法》补入《道全翁祖祠规条》内，将收集的清康熙癸丑年（1673 年）之后的先祖神位牌、所葬之坟墓等补入谱内，将收集的道全翁六世以后直至民国六年（1917 年）左右各派仕籍庠序补入谱内。然后重新写作、编辑、定稿，正式定名为"道全李公祠族谱"，再交付新昌醒华印务书局承印。印务书局又要经过排版、校对、印刷。而收集新资料、重新编写、定稿、排印等诸多琐事，在余下只有三个月的民国六年（1917 年）当年内，是完成不了的，是出版不了的。

《道全李公祠族谱》的正式出版，应在民国六年（1917 年）以后，起码也要到民国七年（1918 年），而不是民国六年（1917 年）当年。或者可以说，《道全祠谱》的出版是在民国六年（1917 年）做出决定的。

顺便一提，最能体现诗仙李白心志的名句"安能摧眉折腰事权贵，使我不得开心颜"出自他的诗《梦游天姥吟留别》，诗中胜境天姥山就位于浙江省新昌县东、天台县西北。虽然，道全翁曾任天台知县，但是，民国初年出版《道全祠谱》的新昌醒华印务书局的"新昌"，应是前广东台山三埠新昌，而不是浙江新昌。

四、主要内容

《道全祠谱》的全部内容包括：6 篇序、《论修谱之缘起》、《自南雄迁居广州来历》、《纪所葬之坟墓》、《避祖讳论》、《谱例》、《省城道全翁建祠序》、《本祠坐向论》、《羊城宗祠形图》、《主位谱》、《道全翁祖祠规条》、《班联》、《怡祖子孙居住各派》、《陇西李氏任堂翁世系图》、《道全翁后五世仕籍通名实录》、《道全翁六世以后各派仕籍庠序实录》。

庠序，就是乡举。

有关李氏世系，道全翁之前的，该谱仅列至栋翁；在各篇序中，或有提及古代先祖。而各篇序的作者，大多是非李姓族人，写序多为应对所求。《纪所葬之坟墓》文是《道全祠谱》中唯一提到李联的，提到了联翁入粤经历，但联翁墓碑文刻的是什么、子孙谁立的并没交代。

1. 序

《道全祠谱》自身并没有写"序言"，而是在开篇部分，编入了明、清两朝累记的 6 篇序以作代替。

（1）《家谱引言》。

明景泰八年（1457 年），古冈李守庸修《陇西堂李氏族谱》，请进士严贞撰《家谱引言》。后收入《道全祠谱》。古冈，即当年新会县。

《家谱引言》载：

> ……李居士守庸翁，乃乘燕闲，遂求谱牒……乃率其子弟，详加讲求，旁稽百数十年，分为上、中、下卷。首明祖宗世系，次行实讳名，终及居处坟墓，备陈往迹……厥帙既成，引言于首。

厥，意其。帙，即谱牒。

评述：

①《陇西堂李氏族谱》是古冈李守庸所修，是最早的古家谱。文末所署时间为"明景泰八年岁次乙亥"，这里显然有误。经查，明景泰八年是丁丑年，即 1457 年；而乙亥年是明景泰五年，即 1455 年。下文按明景泰八年（1457 年）处理。严贞说，李守庸详求"百数十年"来先祖事迹，正如第三部分"三、/（二）/3. 古家谱记载"所指出，这表明，早在明景泰八年（1457 年）记录的先祖栋翁南迁时间，该是在南宋度宗朝（实际是 1273 年），而不是过了数十百年后《云步谱》所说的在北宋钦宗朝（1127 年）。

② 最早的古家谱《陇西堂李氏族谱》分为上、中、下卷。首先是明确祖宗世系，其次记载先祖名讳，最后记录先祖居处、坟墓以及陈述过往事迹。《道全祠谱》当然承继了古家谱所载，但也增添了一些新内客，通过仔细辨别，大体是可以区分的。

（2）《陇西堂李氏族谱序》。

雁云房六世祖成秀翁等，录下世系请古冈黎贞（号秝坡）写序，黎贞取其明景泰八年（1457 年）李守庸所修的《陇西堂李氏族谱》观览后，撰《陇西堂李氏族谱序》。后收入《道全祠谱》。

黎序载：

> ……盖天下之族，惟李为盛。初，皆本于皋陶，为虞廷大理，明刑弼教，用法平允，民不犯于有司。舜嘉其功，因其生于曲阜，赐姓偃。子孙因官称为理氏。商末有理征，执法不阿，忤纣而死。其妻契和氏携幼子利贞，避难

伊侯之墟，理李同音，转为李氏。周有李乾，生李耳，名聃，字伯阳……汉之李昙，生二子：名崇、名玑。崇子孙居陇西……岭南之李，南雄保昌为盛。宋季有栋翁，配禤氏，生三子：长侃、次侚、三伯，由南雄珠玑巷迁广郡之高第街。后侃翁、侚翁、伯翁又奉母迁至新会，初居邑西。伯翁再迁新宁筋竹坑。禤氏没，葬德行里。子孙散处莲塘、园背、冲澄、洞阁、汾界、梧村、沙堤、白石、独冈、迳头、横塘、官路等处，老幼万有余人……今平林之子成秀，昆遂之子存道、存德，侄泰皆从吾游，录世系问序于予……予取其谱一观览焉……

予，即余，我。

评述：

① 黎序写：李族本于皋陶，舜赐姓偃。其后有理征、李利贞、李耳、李崇。提到崇子孙居陇西，未提皋陶之先祖又是谁。

② 黎序写：宋代，栋翁、禤氏与三子侃、侚、伯由南雄珠玑巷迁广州高第街，未提何年。但从严贞《家谱引言》知，是南宋度宗朝。未提及栋翁先祖及镇戍南恩事。

③ 黎序又写：后侃、侚、伯又奉母迁新会。这意味栋翁已故，未迁新会。当然也没有"侃、侚、伯奉母迁新会，栋翁仍留广州生活"的意思。

④ 该序写的伯翁子孙散处地与李安政子孙星居地毫不相干。

⑤ 该序写的伯翁子孙散处地中，"迳头"即原广东省台山县迳头乡，邻新昌埠。迳头乡属下有莲塘里，即莲塘村（见附录图21），此莲塘村不是散处地中所指的"莲塘"。

⑥ 明景泰八年（1457年）李守庸修的《陇西堂李氏族谱》是古谱。黎序所写也是古谱的内容。惜不详。

（3）《陇西李氏世系记》。

明嘉靖三十三年（1554年），出身进士的何孟伦应伯翁后裔之请，对李氏家谱做考证，撰《陇西李氏世系记》。后收入《道全祠谱》。

何文载：

李氏，偃姓。其初，帝颛顼高阳氏，有才子八人，其六曰庭坚。初，陶于雷泽，舜擢为大司理，造律执中，封于皋，是为皋陶。因其生于曲阜故，赐姓为偃。以其官于大理，故子孙因氏为理。商末有理征，为翼隶申吴伯，以直道忤纣而死。其妻契和氏携幼子利贞，避难伊侯之墟，理与李同音，因转为李氏。天下之李，咸始于此。

　　……利贞十代孙，周有李乾，娶益寿氏，生老君名耳，字伯阳……其曾孙则有汉之李昙，生二子：一名崇、一名玑。崇子孙居陇西……唐有靖……有晟、有懃……惟陇西之后，有居南雄之保昌名栋者，未详所出，娶禤氏，生三子：侃、侚、佁。当宋季代间，迁于广州之新会，遂世居之。侃为宋朝奉大夫，侚为宋行人。而佁为宋县尹，生雁云、雁川、雁杳。宗枝繁衍，历宋元明，代有仕宦，迄今俱能以文学世其家。一旦，出其谱，属予考之……

　　属，即嘱。
　　评述：
　　① 明景泰李守庸修《陇西堂李氏族谱》之后九十七年，即明嘉靖三十三年（1554年），何孟伦撰《陇西李氏世系记》。"出其谱"请何孟伦做考证者，应是佁翁后裔。
　　② 何君考证宋代之前的李氏世系，前段写"李氏，偃姓。其初，帝颛顼高阳氏，有才子八人，其六曰庭坚……是为皋陶……"，后段接着又写"崇子孙居陇西……唐有靖……有晟、有懃……"就是说，皋陶是帝颛顼子，皋陶后有理征、李利贞、李耳、李崇、李靖、李晟、李懃、李栋。

　　许多家谱有关李氏始祖皋陶是帝颛顼六子庭坚的记载，源头就是抄录了《道全祠谱》的这前段描述。然而此说已被《史记·五帝本纪》《新唐书》的记载明确否定，与其他各种史料也截然不同，此说不可取。

　　但是，后段描述却遭到忽略。后段记录了唐朝"有晟、有懃"，参照一下《旧唐书》《新唐书》，这里，没有提晟的另三位知名儿子愿、听、宪，是否意味着李栋的唐朝先祖是李懃，李懃父是李晟？如果后段描述早受重视，也许就不至于在本《道全祠谱》以及以后文章，把李联世系与李安政错接了。
　　③ 何文写：宋代，李栋居南雄保昌，但不知其父、祖父为谁。
　　④ 何文写：栋翁娶禤氏，生侃、侚、佁三子。接着笼而统之说，宋代，"迁于广州之新会，遂世居之"。离南雄的时间、事因呢？"广州之新会"何意？迁广州没有？该写为"迁于广州及新会"才对。何君考陇西李氏世系，古代广谈，近代泛泛，考证未免过于粗线条了。
　　⑤ 何文写：侃为宋朝奉大夫，侚为宋行人。而佁为宋县尹，生雁云、雁

川、雁杳。

（4）《李氏族谱序》。

清康熙十二年癸丑（1673 年），进士余玉成应雁杳后裔允胤斐成之请，对李之任重修的《佁祖族谱》作序，题《李氏族谱序》。后收入《道全祠谱》。

余序载：

……赫赫家乘间，秝坡黎先生序之详矣，是以不序。序其自南雄而迁居广郡者，则以栋翁为始。宋咸淳八年，栋翁与其弟棕翁及三子侃、侚、佁迁广州高第街，栋翁没，三子复奉母禤氏迁古冈之德行都筋竹坑。而其弟棕翁之后或徙铯城，或徙凤邑，今斗门、大良其苗裔也。栋之三子，长侃则为石步、小塘等乡所宗；次侚则为大冈、海滘等乡所宗。宗别有谱。乃佁则开三支：长雁云、次雁川、三雁杳……今莲塘、白石、江门、横塘、罗冈、逐头、平康、杜冈、古州、高地、大泽、冲澄、礼山之李皆宗云；梧村、石冲园、独冈、甜水、丹灶之李皆宗川；汾界、赤蕨、步大、田基、马冈、洞阁、南岸之李皆宗杳……今杳之裔允胤斐成先生……一日，其以家谱属予序之……

按：根据明嘉靖《香山县志》，铯城即铁城，宋时指广东香山县，即今广东中山市，时斗门属香山县，今即广东省珠海市斗门区。明景泰三年（1452年），设置顺德县，定大良为县城，今即广东佛山市顺德区。顺德县别称凤城、凤邑。

评述：

① 清康熙癸丑年（1673 年），余玉成题《李氏族谱序》，序末的"其家谱"，就是下文即将提及的清康熙十二年癸丑（1673 年）李之任重修的《佁祖族谱》。

② 余玉成说，古代李氏世系，黎秝坡先生序已详述，是以不再叙。现只叙栋翁自南雄迁居广州后的事。

此序的意义在于，清康熙癸丑年（1673 年）就已明确栋翁的南迁时间、过程、卒没：

余序写栋翁的南迁时间是南宋度宗咸淳"八年"，这个时间，显然是因为发生了胡妃事件，实际离南雄是咸淳九年（1273 年）春；

余序写栋翁是与其弟棕翁及三子侃、侚、佁一齐迁广州高第街，不是栋翁命三子先南迁新会；

余序写栋翁南迁广州后卒没，实际卒于重返南雄变产后回广州的途中，当然是葬于广州；

余序写栋翁卒后，三子才复奉母褙氏迁新会，而其弟棕翁徙斗门、大良，显然栋翁没有到新会。

③ 余序详细列出了棕翁和栋翁三子侃、徇、佁以及佁翁三大房雁云、雁川、雁杳后裔所分别散居的乡镇。

（5）《重修佁祖一支谱序》。

清康熙壬子年（1672 年），雁川房十五世祖进士李之任开始修《佁祖族谱》，康熙十二年癸丑（1673 年）谱书成，亲撰《重修佁祖一支谱序》。后收入《道全祠谱》中。李之任神位牌也由后人列入此族谱。

李序载：

……我李之为姓，其来远矣。而溯其原，始盖自轩辕黄帝之后，帝颛顼元妃邹屠氏生才子庭坚，为虞廷大理。子孙世于官，为理民。历商至周，而柱下著声，李姓斯显矣。是李肇自黄帝，以管后土，掌北方，属刑官，因命。焉有自来也！秦汉以后，类多名卿，至唐而有天下。故陇西之李，其渊源实本于唐云。传自宋之中叶，而栋翁者，世居南雄珠玑巷。度宗咸淳间，与其三子侃、徇、佁迁广郡之高第街。后又迁新会，择土肾宅而居，是我佁翁所传之正派也。佁翁由乡进士选拔天台县知县，其世德所垂昭……

任，生也晚。尝随诸父兄后纂修家乘，始信族谱一帙，为天经地义之书。独佁祖大宗之谱未修，殊为缺典，窃有志而未逮也。壬子之春，余释铎，归访族弟斐成，因与言及，遂毅然许可，力主其事而不辞。随即合集各枝总谱，细为参订，详加讲求……

评述：

① 清康熙壬子年（1672 年）春，李之任决心修佁祖一支族谱，获族弟斐成支持。康熙癸丑年（1673 年），《佁祖族谱》书成，亲为之撰《重修佁祖一支谱序》。是否当年侃祖、徇祖已有族谱，"独佁祖大宗之谱未修"？

② 之任翁又采纳了"帝颛顼子庭坚为虞廷大理"的错误说法。并认为，帝颛顼既是轩辕黄帝之后，当以黄帝为最开始。"李肇自黄帝"，炎黄子孙也。

前已考证，这是大一统之见，并非史实。

③ 之任翁简述栋翁世居南雄珠玑巷，度宗咸淳间，与其三子侃、佝、怡迁广州高第街。未写迁广州的事因，"后又迁新会"五字带过，大概余玉成序已有详述，他就从简。对李栋父、祖父均无叙述。

④ 之任翁"合集各枝总谱，细为参订"，下了一番功夫。他参考过长房侃祖、次房佝祖的族谱？如果参考过，是否意味着：在康熙癸丑年（1673年），对于栋翁举家南迁广州高第街的经过，《怡祖族谱》所载与长房侃祖、次房佝祖的族谱没有大分歧。或者，是否意味着：在康熙癸丑年（1673年），对于栋翁举家南迁广州高第街的经过，之任翁看到了与侃祖、佝祖的族谱有分歧，但参订的结果，之任翁认为《怡祖族谱》所记才正确。

（6）《重修族谱序》。

清乾隆四十五年（1780年），李绥再次重修了族谱，雁川房二十一世李兆梅请进士出身的吏部尚书福建人蔡新撰《重修族谱序》。后收入《道全祠谱》。

蔡序载：

> ……正典试榜发，贡士登堂晋谒。粤东李兆梅少年卓越，应对温文，称其本宗重修族谱告成，欲乞一言为弁……而李姓则世居五岭以南者也。吾闽与粤地本相接壤，见闻为真。岭南李氏之多，始于道全翁，家声遂振，由宋乡进士擢浙江台州府天台县知县，配禤氏、姚氏。后奉母从新会中步巷徙居新宁筋竹坑而胥宇。肇为李姓合族，所生者亦越。任堂翁方其遭宋变，挈三子远别南雄珠玑巷，播迁于高第街。间关跋涉，琐尾流离，未尝不深风景河山之感。后其季子道全翁生三子：长曰雁云、次曰雁川、三曰雁杏，文武科甲，显宦联镳，衍为三大枝，分处于广肇二府间者……今李姓宗族，既建祠于广之省会……

"弁"，弁言，意为写在前面的序言。

评述：

① 李兆梅时值"少年"，似乎"本宗族谱"不是他修的。从后文《避祖讳论》看，"本宗族谱"应为李绥所修。粤东应解为广东，而非广东之东部。

清乾隆四十五年（1780年），道全李公祠已落成，李绥再次重修了族谱。时李兆梅参加直隶乡试，发榜后，贡士登堂晋谒，李兆梅借机称，其本宗族谱已重修好，求蔡新作序。蔡大人当时兼管国子监事务，为直隶乡试正考官，欣然撰《重修族谱序》。后收入《道全祠谱》。

② 蔡序写：李姓世居岭南。岭南李氏之多，始于道全翁。并肯定道全翁由宋乡进士擢浙江台州府天台县知县。

③ 蔡序写：栋翁困宋变故，挈三子别南雄，迁高第街。迁广州的具体时间、事因未写。对李栋父、祖父均无叙述。"宋变故"，莫非暗指胡妃事件？皇室内幕，怎好明说？但蔡大人却是明说了：是栋翁挈三子别南雄迁高第街，而不是栋翁命三子别南雄迁高第街、迁新会。

2. 《论修谱之缘起》

《论修谱之缘起》是《道全祠谱》中的一篇小文，列在前述各序之后，作为修谱的说明，应是清乾隆四十五年（1780年）李绥所撰。

《论修谱之缘起》载："我谱之修也，肇于守庸……故编秋坡黎乡贤、严贞进士两序于首，冀我子孙传诸永久……本贞思念日久湮毁，兼以流寇攘扰，恐有亏缺，故再新之……"

评述：

（1）"流寇"盛于明清，民国时已式微，再从前后各序各文的内容看，《论修谱之缘起》不会是清康熙十二年（1673年）或民国初年所写，似是清乾隆四十五年（1780年）李绥所撰。

（2）李绥在文中称，李氏古家谱是由古冈李守庸于明景泰八年（1457年）始修的，故把当年严贞、黎秋坡两序编于首。此两序都是明景泰八年所作。李绥担心古家谱日久湮没毁损，更因流寇扰乱，恐有亏缺，故重新修谱。

3. 《自南雄迁居广州来历》

《自南雄迁居广州来历》紧接上文，未署作者、时间，但从文笔、内容看，应是民国初期重新增补编辑出版《道全祠谱》时写下的。

《自南雄迁居广州来历》载：

宋度宗咸淳八年壬申九月辛未，有事于明堂，贾似道为大礼使，幸景成宫。将还，遇大雨，似道期雨后升辂。胡贵妃之兄殿前指挥使胡显祖，为带御林器械，请妃开禧故事，却辂，升逍遥辇返宫。曰："平章得毋不可？"显祖对曰："平章已允。"帝遂归。似道大怒："臣为大礼使，陛下举动不得预闻，乞罢政。"即日出嘉会门。帝固留之不得，乃罢显祖，泣涕而出胡贵妃。从之居南雄珠玑巷。后，皇后无子，乃取胡妃之子立为东宫，当时天下岂有无母之君哉？因召胡妃还宫，在珠玑巷佛寺出焉。而讹言谓藏妃之所必诛也，故通境疑惧，遂各逃远方居住以避乱耳。

栋翁父子自南雄迁居高第街。侃翁、徇翁、怡翁再迁中步巷。三迁石步。徇翁迁新宁德行里筋竹坑，怡翁奉母偕行。

始迁祖栋翁，号任堂，宋赠文林郎，天台县知县，配褟氏，敕赠孺人。先世由闽至粤南雄府保昌县珠玑巷沙水村。度宗咸淳九年癸酉春，因皇妃之故，与弟棕翁及三子侃、徇、怡自南雄迁居广州高第街（见附录图24）。后，事定，与棕翁返南雄，变卖田产，尽赍所有以回广，至半途而卒。棕翁奉翁枢以归。厥后数年，三子侃、徇、怡又奉母褟氏自广郡迁至新会县西郊中步巷。怡翁再迁新宁德行都六图筋竹坑。因播迁流离，以致不胜详记。棕翁今为香山斗门、顺德大良等派。

评述：

①《自南雄迁居广州来历》一文，文笔较近代，不似明清所作，"今为香山斗门、顺德大良等派"一语，更说明该是民国初期所写。

②从明景泰八年（1457年）李守庸古谱起，至清乾隆四十五年（1780年）李绥重修族谱止，其间修谱和对家谱作考作序共九次，明确记载：栋翁于南宋度宗咸淳八年，举家自南雄迁广州高第街，栋翁卒；侃、徇、怡复奉母迁古冈。

于是，民国初期重辑出版《道全祠谱》时总结性地写下《自南雄迁居广州来历》一文，详述了栋翁南下播迁的时间、经历和棕、侃、徇、怡的分居。许多家谱记载始迁祖栋翁南下播迁的经历，其源头就是抄录了《道全祠谱》中该文的叙述。

文中说栋翁卒于从南雄回广州的途中，棕翁扶枢而归，当然是归广州高第街，栋翁当然是葬广州。

③《自南雄迁居广州来历》一文，说栋翁是"宋赠文林郎，天台县知县"。当了天台县知县，文林郎算什么？还是赠的。通篇对照可知，说栋翁是"宋赠文林郎"是对的；说栋翁是"天台县知县"就没有根据。也许是与怡翁的天台县知县职搞混了。而附录图6显示的李栋画像中也说栋翁是天台县知县，是否珠玑巷李氏大宗祠编写李栋画像解说词时也抄了《道全祠谱》中《自南雄迁居广州来历》一文？

④《自南雄迁居广州来历》一文，详述了栋翁父子自南雄迁居高第街的

原因，是避胡妃事件之乱，但却是"取胡妃子为东宫"的版本。

对比本书第三部分中"《宋史》查证"的"胡妃事件"可知，有关贾似道欺君事，《自南雄迁居广州来历》一文，基本抄自《宋史》。只是把原来的"祀景灵宫"写成"幸景成宫"，把"胡贵嫔之父"写成"胡贵妃之兄"，把"请如开禧故事"写成"请妃开禧故事"，把"出贵嫔为尼"写成"出胡贵妃"。后面"取胡妃子为东宫"的故事，则是抄者"乱抄"的！前已考证清楚："取胡妃子为东宫"不符史实。

由此可见，对于避胡妃事件之乱，许多家谱记载有正确、有错误，错误的源头就是抄录了《道全祠谱》的这段描述！《道全祠谱》抄《宋史》抄错的，许多家谱就抄录错；《道全祠谱》"乱抄"的，许多家谱也照抄。奈何！

按《自南雄迁居广州来历》一文，栋翁父子自南雄迁居高第街的具体时间是南宋度宗咸淳九年春。这个时间是合理的。

⑤《自南雄迁居广州来历》一文对李栋父、祖父均无叙述。

4.《纪所葬之坟墓》

《纪所葬之坟墓》编在《道全祠谱》的"序"之后，是为本族谱正文之开始。该文不是清乾隆四十五年庚子（1780年）李绥所写，而是在民国六年之后，由编修人新作或重写。

《纪所葬之坟墓》文载：

......

联翁，安政翁之长子也，世居河南省开封府汴梁县。生于宋高宗十七年丁卯八月十三日卯时，终于宋理宗四年五月十五日辰时，享寿八十二岁。祖妣陈氏，生三子六孙。垣江翁封为平崖先锋，翁为监军御史。时金元作乱，贾似道专权，高凉犯界，皇都临安伍柱国公带兵由福建过南雄汉道，引南雄兵到南恩（今恩平）屯营。水土不服，战败鼍阳（今阳江）。将帅阵亡，兵散。翁与三子垣江翁驾战船，望海陵波上。船至古冈州潊阳（今广海）地面，泊舟海崖，翁乃仙游。垣江翁遥望高峰，双岭邻融，会凝聚树木森林。取大小木作棺，扶枢安于土名峨嵋峰下，喝作犬形，土人称柯木迳是也。垣江翁斩指殉翁之侧，故有斩指之名也。

光绪七年四月二十三日，新宁广海等处裔孙数百人到坟安碑，在石碑上抄出安政翁夫人温氏葬于省城白云山东南角，喝作猪肝吊胆形。碑侧刻四子明良登丰四大房仝立。

安政翁葬于松化县。

始迁祖栋翁葬于新会怀都石狗岭西向之原，喝作朝天凤形。姚褅氏葬于新宁德行都筋竹坑，喝作双飞蝴蝶形，副结穴。怡翁先葬妻后葬母，因此势难转移也。

一世祖怡翁葬于新宁丫髻山，天才穴。姚褅氏亦葬于新宁德行都筋竹坑，双飞蝴蝶形，正结是也。后续配姚氏葬于新宁独冈白象寺前，牛形。万历二十三年乙巳九月初三日，传帖各派，祭筋竹坑褅氏太祖姚山。长次侃、伺子孙争祭土穴圈后，追族谱，读怡翁遗嘱明白，所以无争，道全翁正有先见之明也。

道全怡翁遗嘱曰：营葬，大典也，前与两兄供职在朝，不暇讲论堪舆之事。独予承乏天台县知县六年，即退休终养，日随地师遍历远近名山，以卜牛眠地。适内子褅氏身故，遂葬于新宁筋竹坑。后缘褅氏太夫人又丧，日久不得吉地，故并葬于本山下一穴，同坐同向。虽有尊卑之分，次序未妥，实先葬妻后葬母，势难转移也。诚恐后世长次二房子孙，谓余妻为陪葬，忘恩，亦陪葬于左右。不知人虽极无良，岂有将妻陪葬在上，而母反在下乎？一辨自明矣。特嘱尔等，俾后世子孙共知予心也。

此文括弧中"今恩平""今阳江""今广海"之注为原文所有。

评述：

（1）《纪所葬之坟墓》文是本考证的一个重要内容。此文未署何人何年记，但从文中一句"光绪七年四月二十三日……"，即可判断，该文此段绝不是清乾隆四十五年庚子（1780 年）李绥再次重修族谱时所有，肯定是在光绪七年（1881 年）以后才写的。以后多少年？不知。很可能就是民国六年（1917 年）秋祭以后，对族谱进行增补、重新编辑时编修人写的。乾隆李绥重修谱也会记有所葬之坟墓，但在民国六年后，重写了该文。

（2）《纪所葬之坟墓》是《道全祠谱》中唯一提到李联的。可是，作为本谱正文之开始，劈头就说"联翁，安政翁之长子也"，与前面列出的历朝累记的 6 篇序毫无关联，与明景泰八年李守庸古谱《陇西堂李氏族谱》、清康熙癸丑李之任《怡祖族谱》、清乾隆庚子李绥《道全李家族谱》毫无关联，与才编写完的上一篇《自南雄迁居广州来历》文毫无关联，毫无来由。对于明嘉靖三十三年（1554 年）何孟伦《陇西李氏世系记》提及李栋的唐朝先祖李晟、李愬毫不在意。

荒唐的是，同一篇文章，刚写完联翁是安政长子，288 个字之后，却又写安政四子是明、良、登、丰。到底如何？联翁与安政究竟是什么关系？栋翁与联翁又是什么关系？文中除联翁三子垣江外，余二子六孙名字均无叙述。接着，既说李安政葬于广州从化，又说始迁祖是栋翁。始迁祖到底是谁？安政翁？联翁？栋翁？为何如此之不严谨！这样矛盾不实的事也能记入"族谱"正文？

大概是不知道，便模糊应对。曾有文说，是搞错了。也无须再考证是如何导致，反正是错的。错在哪？却不能含糊。

自光绪七年（1881 年）之后，沥尽一百三十四年，今天，终于澄清：许多家谱把联翁世系接在安政翁之后，这种错接先祖的严重错误的源头就是抄录自民国年间编修的《道全祠谱》中《纪所葬之坟墓》一文的叙述！

（3）《纪所葬之坟墓》说：光绪七年（1881 年），"新宁广海等处裔孙数百人到坟安碑"。按上下文意，此坟应是峨嵋峰下联翁坟。难道是新宁广海数百人浩浩荡荡到广州温氏墓安碑？如果不是，在广海联翁坟石碑上抄出的内容，怎么又是广州白云山温氏墓碑上的字句呢？

既说"安碑"，又"在石碑上抄出……"，真是不解。"安碑"前，不是早刻好字了吗？不是应该先参考旧墓碑吗？"安碑"时还抄什么？写此段文字的人，是否想说：数百人到广海峨嵋峰下联翁坟安碑时，挖出一块旧碑，在旧碑上抄出与广州白云山温氏墓碑上相同的字句？若如是，新碑刻字与旧碑刻字同否？

在温氏墓碑上有"明良登丰四大房仝立"的字句，在温氏墓重修碑上有安政"葬从化"的字句，没有"猪肝吊胆"的字句。而"猪肝吊胆"的字句则在李安政的相关谱牒文章上才有出现。在 2003 年从化李安政墓重修碑上，也有"猪肝吊胆"的字句。也许，民国六年之后，《道全祠谱》编修人写《纪所葬之坟墓》之前，了解到广州白云山温氏墓和有关李安政的谱牒文章，知道李安政、温氏头上有光环，便来个胡编乱凑。

光绪十八年（1892 年），联翁墓重修，时墓碑留至今日。怎不见光绪七年（1881 年）数百人安的那块碑或挖出的旧碑？如果说光绪七年数百人到联翁墓安碑，才过 11 年，光绪十八年又要重修联翁墓？换了墓碑？

光绪七年数百人到坟安碑，到底是在哪块碑上抄的字？抄出的字句到底是什么？抄后都记录在哪？《纪所葬之坟墓》在这段文字中看似圆滑，实则不知所云，不近情理。"数百人"三字，就有假。

（4）温氏墓同治七年（1868年）重修，同治八年（1869年）立重修碑。同治十年（1871年）的《番禺县志》、光绪五年（1879年）的《广州府志》都记有御书阁，虽然未记有温氏墓，但如果在光绪七年（1881年）、光绪十八年（1892年）登上广州白云山御书阁，都应知同治温氏墓、重修碑。重要的是，民国六年（1917年），增补、重新编辑以便出版《道全祠谱》时，肯定是存在同治温氏墓、重修碑的。

可是，广州温氏墓、重修碑上的任何记载如安政、温氏、明、良、登、丰等，和台山联翁墓的任何记载如监军御史、联翁等毫不相干。此文糊弄一句"光绪七年数百人到坟安碑"，笔锋一转，抄到了温氏墓碑字句上，就能把联翁记作安政翁之长子！后来更甚，再降一级，把联翁记作安政翁之孙子！

他可是不敢写："光绪七年四月二十三日，新宁广海等处裔孙数百人到广州白云山温氏墓安碑，在石碑上抄出联翁是安政翁之长子！"

他也不敢写："光绪七年四月二十三日，新宁广海等处裔孙数百人到广海峨嶂峰下联翁坟安碑前，先到广州白云山温氏墓石碑上抄出联翁是安政翁之长子！"

（5）《纪所葬之坟墓》说：联翁为监军御史，与伍柱国公带兵入粤。正如前述，其入粤路径符合考证。许多家谱有关联翁入粤路径记载的源头就是抄录了《道全祠谱》的这段描述！这一段，是合理的。

但这段描述却又写"时金元作乱，贾似道专权，高凉犯界"，穿越时空，把相差110多年的史事堆砌在一起，胡诌八扯！许多家谱就只抄了"金元作乱"，没有抄"贾似道专权，高凉犯界"。尽管"金元作乱"也是错的。

此外，《纪所葬之坟墓》说：联翁"生于宋高宗十七年丁卯八月十三日卯时，终于宋理宗四年五月十五日辰时"，垣江葬联翁于滂阳。但是，墓碑文刻的是什么？子孙谁立的碑？联翁墓就在广海，怎不去看看？伍柱国公墓在阳江，也不去看看？伍柱国公葬于宋高宗朝，监伍柱国公军的联翁怎么葬于宋理宗朝，相差67年？显然，所记联翁生卒年是错的。

（6）《纪所葬之坟墓》说栋翁葬于新会是错误的，前已考证。

（7）《纪所葬之坟墓》有关道全翁"先葬妻后葬母"的遗嘱，为许多家谱所抄录。遗嘱中提到，道全翁以前与侃、侚两兄供职在朝。道全翁任"天台县知县六年，即退休终养，日随地师遍历远近名山，以卜牛眠地"。

5.《避祖讳论》

《避祖讳论》编排在紧接《纪所葬之坟墓》之后，但却是李绥写于清乾隆四十五年（1780 年）。

此文载：

　　……绥承诸父兄命，重修谱帙……祖讳当避，不得不急为厘正。栋祖则原其号曰任堂，怡祖则明其号曰道全，于新谱既成其弁，曰《道全李家族谱》……

评述：

（1）此文称：新谱既成，写此《避祖讳论》，作为前言。文中明确，新修家谱为李绥所修，新谱取名的原因，是为了避祖讳，不叫怡，而明其号曰道全，称《道全李家族谱》。

（2）此文应是《道全李家族谱》本身的序言。

6.《谱例》

　　《谱例》第一条曰："万物之生，本乎天地。子孙之生，本乎祖宗。故谱不忘祖宗，所以教孝也。不紊世序，所以教弟也。父兄识此意以训子弟，将孝弟行于家而忠敬通于国，由此而修齐治平之根本。以立尧舜之道，尽于孝弟职是故也。"

　　《谱例》第二条曰："祖有功而宗有德，百世同尊。故是谱之作，以栋翁为祖，以怡翁为宗……"

　　子孙之生，本乎祖宗。家训子孙，教孝悌，是修齐治平之根本。祖有功而宗有德，百世同尊。我族以栋翁为祖，以怡翁为宗。

7.《省城道全翁建祠序》

　　此序写于清乾隆四十四年（1779 年），曰："……诸宗老悠然兴水木之思，议创建道全翁祖祠，以敦本而合族，爰发函遍告，报主位捐金，购吉地于省会拱北楼侧……"

　　此序叙述了建祠经过和祖祠的功用，可供子孙往来侨寓。乡人称广州市为"省城"。

8.《本祠坐向论》

　　此文写于清乾隆四十二年（1777 年），曰：

　　盛祠地基，东方龟山耸起，西则拱北楼高出，东南一带连络不断者，则有府学宫、文明门、万寿宫，俱皆高大异常，且红墙碧瓦，光华夺目，遂为省城之雄。现其府学宫为斯文主宰之地。万寿宫则为帝星临垣，圣泽恩荣之所……盛祠拟立坐壬向丙兼子午一分……又于东西两边各辟一巷……

"坐壬向丙兼子午一分"，基本上是坐北向南稍偏向东南，相当于时钟的59 分多。主要建筑为南北长，东西窄。

此文附有《羊城宗祠形图》，即道全祖祠平面图（见附录图 22）。中央最北面位置是正座，正座正中为道全翁神位，其他先祖神位分列左右递降。正座向南依次为庭院、天井、奠堂、天井直到南面正门。正座东西两侧是两列学会宿舍，东三西三共六间。然后向南依次有石栏、厨房、花竹木地、到房、鼓台。再东西两侧是钟秀、毓祥回廊。回廊又东西两侧是各派经分住房，东侧十四间，西侧七间。另外还有大片地方供他用。

各派是：务前、迳头、冲澄、横塘、杜冈、莘村、古州、洞阁、莲塘、梧村、甜水、陈山、龙江、邦头、沙堤、田辽、沙澜、衍阳、九江、潮连、石湾、潭水、水流巷、伴冲、钟村、独冈、桥门、温边、丹灶、白石、冲蒌、华萍、南乡、富斗、高地、石冲苑、北芬、耙冲、蓬村。

西边南北向大道上明确写有"双门底"三字，并形象绘出一个双门楼，上书"拱北楼"。

评述：

《省城道全翁建祠序》《本祠坐向论》《羊城宗祠形图》清楚无误地表明：

（1）清乾隆四十四年（1779 年）三月落成的道全祖祠，是后裔各派捐金，在广州购吉地创建，位于当年双门底拱北楼东面。

经考证，双门底拱北楼所在的南北向大道为今北京路，祖祠西边所辟一巷当为今李白巷，李白巷内的清代建筑李家祠堂，原来就是大名鼎鼎的清乾隆年建的道全李公祠。李白巷与唐李白毫无关系，概因道全祖祠之故，原名李家巷。笔者少时，家里还去那李家祠堂领太公猪肉，三十年前祠堂尚存。当年道全祖祠范围比少时所见的李家祠堂大很多。2014 年 9 月 27 日，笔者前往考察，今李白巷内已不见当年道全祖祠的任何遗迹，当年祠堂已拆建成体量庞大的一座九层连排居民楼，住有个别李姓回迁户，如原台山县迳头乡永宁村的永俊兄就曾住在一楼，还住有新会等李姓回迁户，很破旧了。北京路上，仅留下一个显示历史的门面，文物般刻塑着三个大字："李白巷"（见附录图 31）。真是桑田沧海，不堪回首，乃黯然离去！

（2）道全祖祠不在广州高第街内，今广州高第街素波巷内也不见当年栋祖南迁时的任何遗迹。

（3）道全祖祠建于广州市中心、政府衙门附近，西有拱北楼，东有府学宫，便于学子应试，学宫其南有文明门、万寿宫，圣泽恩荣，真是风水宝地，庇荫后代。

（4）道全祖祠经分住房的各派，以及明景泰八年（1457 年）黎贞撰《陇西堂李氏族谱序》写侃、佝、佁子孙散处地，都充分表明：联翁—栋翁派与杨箕、天河、程界、棠东、从化、吕田、花都、增城、佛冈、新丰等地安政公派后裔无关。安政公派后裔捐金修建、祭奠的远祖是安政墓、温氏墓，他们村内自有其祖祠，与道全祖祠无关。道全祖祠只由道全翁后裔祭祀，他们祭奠的远祖是联翁墓、栋翁墓。

可见，清乾隆四十五年（1780 年），李绥再修的《道全李家族谱》就清楚地表明，栋翁与安政公毫无关联。怎么到了民国六年（1917 年），增补、重新编辑的《道全李公祠族谱》，凭《纪所葬之坟墓》一文，就无端把同治七年（1868 年）李安政夫人温氏墓碑上一句"明良登丰四大房"，突兀编成"联翁，安政翁之长子也"呢！安政翁明、良、登、丰四大房中长子谁是联翁？

行文至此，不胜感叹，如《纪所葬之坟墓》一文，未考证清楚而妄加揣测，可是要愧对祖先，贻误后代的！

（5）《道全祠谱》中的道全翁宗祠形图和坐向论，作为写于清乾隆四十二年（1777 年）的文献，以确凿无疑的文字和平面图说明了当年广州双门底、拱北楼、府学宫、文明门、万寿宫的位置，和考古学相印证，也是记载广州市古地貌、地标的重要文献。

9.《主位谱》

《主位谱》部分，列有十一级共主 521 位先祖神位，由宋一世祖道全翁至清二十二世祖。显然，许多先人并未入列。

在这 521 位先祖神位中，道全翁为"皇宋显一世祖"，应奎翁为"皇宋显四世祖"，成秀翁为"皇明显六世祖"，除表示朝代之外，没有皇帝庙号、年号、纪年等时间记载（见附录图 23）。从后文《陇西堂李氏任堂翁世系图》分析可知，四世祖应奎翁为"宋朝"人是错的。

10.《道全翁祖祠规条》

《道全翁祖祠规条》包含如下两次制定的内容。

第一次是清乾隆四十五年庚子（1780 年）李绥再次重修族谱时制定的。其中记有："议定每年春秋二祭……以正月廿四日、七月廿四日举行，风雨不改。……由乾隆四十五年起周而复始。"

第二次是民国六年（1917 年）制定的。其中记着：

道全祖祠于民国六年秋祭，旧历七月廿四五等日，集议明年祭期办法，
表决如左：

（一）自民国七年新值理接办起……

民国六年旧历七月燕翼堂公众议决

这显示，清乾隆四十五年庚子（1780 年）制定的《道全翁祖祠规条》，
在民国六年（1917 年）做了修改，后补入《道全祠谱》中。由下《班联》
知，"燕翼"是第二十四世、二十五世。

11.《班联》

《道全祠谱》的《班联》部分，列有三联。以伯翁为一世祖，自十六世
至三十五世的班派排序可任选一联。

第一联："高第开基广衍云礽伟业；始兴树绩永彰家国宏猷。"（自十六世
至三十五世）

第二联："柱史遥宗光大雄州燕翼；珠玑联谱祥兴岭海鸿图。"（自十六世
至三十五世）

第三联："绪缵南邦文武勋名济美；胄华东粤本枝奕叶流香。"（自十六世
至三十五世）

笔者家族班派，选的是"高第开基广衍云礽伟业；始兴树绩永彰家国宏
猷"。在先祖父笔记中，稍有变动，上联实为"骏有声基广衍云礽伟烈"。

12.《伯祖子孙居住各派》

在《伯祖子孙居住各派》部分，列出了道全翁三大房雁云、雁川、雁杏
后裔居住的地方，并以居住地来区分各派。

雁云裔孙居住地有：新会（莲塘、桂花坊、沙堤、水流巷、江门、白石、
南乡、西边、高地、耙冲、蓬村）；新宁（台山）（迳头、横塘、莘村、冲
萎、华萍）；开平（冲澄、海心、杜冈、古州）；鹤山（陈山）；阳江（田辽、
洪村）；南海（九江）；顺德（龙江）。

雁川裔孙居住地有：新会（梧村、东门、甜水、冈美、石湾、桥门、冲
边、胜塘、丹灶、慈佛头、石冲苑）；新宁（台山）（义门、沙澜、独冈）；
鹤山（北芬）；阳江（潭水）；番禺（钟村）；高州（石城）。

雁杳裔孙居住地有：新会（邦头、潮连、打银、伴冲、墓前、东头、洞阁）；开平（赤蔴）。

由于民国初增修本谱时，不少地方李氏未能到来，故未能入谱。

本部分还记及雁云："二世祖雁云，道全翁长子也，讳文卿，字光祖，一字赤秀，宋任国史，配刘氏。生五子……四俊甫，生三子，今为九江源清坊、龙江居仁巷、逕头、开平杜冈……等派……"

13.《陇西李氏任堂翁世系图》

《陇西李氏任堂翁世系图》部分，由始迁祖栋翁起向后排列，仅列至侃翁、徇翁后五世和伫翁后六世。栋翁之前，均不叙述。本部分记述了栋翁、雁云、雁川、雁杳的子孙世系、居住地、迁徙、墓葬简况。

"始迁祖"名下写："讳栋，号任堂，宋朝人，以子伫敕赠文林郎，配禤氏，生三子：侃、徇、伫。自南雄珠玑巷迁居广州高第街，为入广初祖。葬于新会……"

"长房祖"名下写："讳侃……与弟徇、伫两翁自高第街再迁新会中步巷……"

"三房祖"名下写："讳伫，字元义，号道全，任堂翁三子，配禤氏、姚氏。仕宋，乡进士，任天台县知县。生三子：长雁云、次雁川、三雁杳……"

《陇西李氏任堂翁世系图》中，基本上都没有年份记载。但是，在四世祖应奎翁名下，却注述道："宋宁宗嘉定十二年己卯进士，见《广东通志》……葬逕头。"应奎翁生二子，次子名可山。可山生一子，名君实，君实名下注"世居逕头房"。

评述：

（1）《陇西李氏任堂翁世系图》中"始迁祖"名下明确记有"以子伫敕赠文林郎"，说明，栋翁获文林郎称号的原因，是因他的第三子伫做了浙江天台知县，光宗耀祖了。栋翁自己不是天台知县。

（2）《陇西李氏任堂翁世系图》中明确记下了李栋（举家）自南雄珠玑巷迁居广州高第街，而自高第街再迁新会中步巷则是侃与弟徇、伫两人（及禤氏），没有栋翁。显然，栋翁已故。栋翁葬新会的记述有误，起码，栋翁生前没有到新会，侃、徇、伫、禤氏自高第街再迁新会时，将栋翁墓也迁葬的可能性极小。

（3）《广东通志》记四世祖应奎翁"宋宁宗嘉定十二年己卯进士"是不正确的。按照世代推演，《主位谱》应改记应奎翁为"皇元显四世祖"。

因为，明景泰八年（1457年），严贞撰《家谱引言》，记述了是年李守庸修《陇西堂李氏族谱》。黎贞撰《陇西堂李氏族谱序》，记述了成秀翁跟从他出游并出示此谱，请其作序。这个撰写时间和当时人、事无疑是正确可靠的。人们不能认为严贞撰《引言》、李守庸修《谱》、黎贞撰《序》不是在"明景泰八年"，成秀翁没有跟从黎贞出游、没有出示此《谱》、没有请黎作序。

也就是说，明景泰八年，成秀确实是跟从黎贞出游并请黎为族谱作序，成秀翁是明朝人。再进一步设想：如果成秀翁跟从黎贞出游时年约30岁，成秀翁就是1426年左右出生。1279年宋亡元代之，1368年元亡明代之。1426年当是明朝。据《陇西李氏任堂翁世系图》和《主位谱》，成秀翁是应奎翁（老大）亲弟弟应璧翁（老二）的长孙，为"皇明显六世祖"，成秀翁是明朝人是确定的。

但是，若按《广东通志》，如果应奎翁宋宁宗嘉定十二年（即1219年）中进士，设时年25岁，四世祖应奎翁就是1194年出生。而六世祖成秀翁既已确定是1426年左右明朝出生，四世祖怎么可能是1194年宋朝出生？祖孙三代人相隔了232年？任由合理推想六世祖出生年，四世祖都不可能是宋朝人。

必须指出，考证，只能肯定成秀翁是明朝人，从而否定应奎翁是宋朝人，进而否定《广东通志》的记述；不可能倒过来，肯定《广东通志》的记述，肯定应奎翁是宋朝人，从而否定成秀翁是明朝人。

再说，前述考证已确认，李栋大约生于1188年，1273年南迁广州，李伯（道全）在宋末才从新会西迁，李伯的曾孙应奎翁怎么可能在宋宁宗嘉定（1219年）中进士？

必须再明确，绝不是前述考证的李栋出生年、南迁年有错，记晚了百多年；而是应肯定《广东通志》《云步谱》等所记李栋出生年、南迁年有错，记早了百多年。

因此，四世祖应奎翁必定是元朝人。其实，《主位谱》中其他六位四世祖无例外地也全都是"皇元显四世祖"。《广东通志》记四世祖应奎翁"宋宁宗嘉定十二年己卯进士"是不正确的；《主位谱》记应奎翁为"皇宋显四世祖"也是不正确的。或许，编写人也怀疑有误，只能含糊地写"见《广东通志》"。

《主位谱》应改记应奎翁为"皇元显四世祖"。

从这里的考证可知，志书是不能全信的。《广东通志》将应奎翁的出生从元朝记为宋朝，就是记早了百多年。这个考证结果的意义还在于：使人转而想到，有的志书、族谱将李联、李栋、李文庄等人的生卒之所以记早百多年，或许是志书、族谱相互以为证，错就不奇怪了。

（4）由此推知，笔者先祖世系是：

联（松年）—梧江—栋（任堂）—怡（道全）—雁云—俊甫—应奎—可山—君实……

应奎翁葬迳头。最早或从应奎翁始，居新宁（台山）迳头，至君实翁，已是"世居迳头"了。

14.《道全翁六世以后各派仕籍庠序实录》

《道全翁六世以后各派仕籍庠序实录》部分，有的只列至六世、十世，至晚列至二十五世。这不是该地该派无人读书做官，而是因为资料收集不齐全。

在某二十三世名下，写"由美国大学校毕业前，充广州青年会英文学校监督，现任两广师范学校……教员"；某二十四世名下，写"由广东法政学校正科毕业"；某二十五世名下，写"由两广优级师范学校毕业"。

据查：

广州青年会，1909年（清宣统元年）建会。初期，开设有英文夜校和英文商业学校。

广东法政学堂，创立于1906年（清光绪三十二年），初期，法律速成科学制二年。1912年（民国元年），改为广东公立法政专门学校，设有法律正科等科。1923年8月，广东公立法政专门学校改为广东公立法科大学。

两广速成师范馆，1904年（清光绪三十年）创建。1906年，更名为"两广师范学堂"。1908年（清光绪三十四年），更名为"两广优级师范学堂"。1912年，更名为"广东高等师范学校"。

评述：

《道全翁六世以后各派仕籍庠序实录》中，单位名称不正规。称"学堂"是清朝时期的事，至民国元年（1912年）以后，已改称为"学校"。"广东法政学校"应是"广东公立法政专门学校"。"两广师范学校""两广优级师范学校"应是"广东高等师范学校"。这表明，把这二十四世、二十五世记入族谱内的时间，应是民国元年（1912年）以后若干年。

某二十三世，任广州青年会英文学校监督，如若任校监是1911—1913年间，之后，上美国大学、毕业，再回广东高等师范学校任教员，大约该到1915—1917年以后了。

这几位先生的学历表明，他们的资料应是《道全祠谱》出版前，民国六年（1917 年）左右收集的。

五、剪报文章

影印版《道全祠谱》的书末，贴有几篇南迁文章故事和两篇"考据"。估计，这是一位台山华侨将剪报粘贴在所保存的《道全祠谱》上。所贴的剪报，有的尺寸太大，已超出了该谱书页。

后来，此谱书为美国犹他家谱学会所得到。1976 年，美国犹他家谱学会将谱书连同剪贴资料一起，摄制成缩微胶卷。

不解的是，剪报都贴在与正文页相同、边上印有"道全李公祠族谱"和"新昌醒华印务书局承印"字样的空白纸页上，共 5 页（双页），但没有页码，也未注年份，《道全祠谱》书末怎会留有这么多空白纸页？

这些剪报文章，原是登在民国二十一年（1932 年）前后的报刊上，颇有额外的考证意义。兹将有关的几篇引述如下。

1. 《广东人的来历》

《广东人的来历》是当时报纸的连载故事，分三小节。原文有旧式标点，这里做了改正。内容如下：

……侨胞近有欲知南雄珠玑巷走难故事者，利君显钦特抄出嘱登报，今"炒旧肴以尝新菜"破格一用，想为读者所乐闻也。

珠玑巷走难故事

南雄珠玑巷走难故事如下：

按南雄府始兴县，牛田坊五十八村居民，五六千家，人口数达万余之众。因南宋咸淳八年，宋怀王失妃事，累及百姓居民……

六百六十年前，南宋咸淳八年，宋怀王妃苏氏貌美而性淫，夜因圣主游宫，失调雅乐，被敕禁冷宫……妃得逃遁……时有富民黄贮万……因载而归……贮万之家丁反主，逃出，扬泄弊根……各部尚书……密行计议，欲芟去其人，以灭踪迹……时有珠玑巷罗贵章，子婿梁品辉在京，任职知事，闻知声息，密使家人归报岳父，众始知觉。

既而部文批行府县，严移迁徙。始兴牛田坊五十八村居民，人人莫不怨嗟。惟珠玑巷居民一百家共五十三姓，互相团议，闻南方地广人稀，合议共向南方而迁徙焉。于是具词团签〇县府，乞给文引，限于九年三月十五日起程……

当时供状与名单

具禀人罗贵章等……签名于后：

……

右引给足一百户罗贵章等众执照通行。三月十五日给限到止处缴供。——书吏黄应茂。

百户南迁的路程

县府发给文引足一百户人收拾，卜于三月十六日，在珠玑巷起程，向南方而来。四月十五日方到广州大良。幸遇土人冯元成、龙应运二人，接洽同赴县府，保结报案，立籍缴引……

评述：

（1）此文题目叫《广东人的来历》，殊为浅薄。该文说，"利君显钦特抄出嘱登报"，这表明，此文是利显钦投的稿。利君是谁？抄自何方？不知道。

（2）该文说，"六百六十年前，南宋咸淳八年"，南宋咸淳八年是1272年，由此句可以反推出，六百六十年后，该报刊登载此文的日期正是1932年。

南宋咸淳八年失妃事件，该文造了个宋怀王，选用了最离谱的苏妃版本，也许是参考了如广州番禺市桥某氏族谱，该族谱就是说"苏妃"而不是"胡妃"。报刊登些花边风月文章，以求畅销，符合20世纪30年代初期世风。而到抗战开始，就没有那种闲情逸致了。

（3）剪贴该报时，末节铅印正文之外侧有一行手写字："此節續上广东人末列之理由也。"有趣的是，本是繁体的"廣東"，手写时成简体"广东"；本是繁体的"來"字，手写时成旧年代简体"末"；本是繁体的"歷"字，手写时成与广东台山话同音的"列"字。这些简体字表明，将剪报贴到《道全祠谱》上，是比1932年晚一二十年以后，一位广东台山人做的。

（4）该文列有百户南迁的详细名单，李姓有八户人，但无一人与本书考证有关。百户其中，领头人罗贵章正是接子婿在京密报而获知朝廷将派兵镇村灭迹的珠玑巷民。但是，既然部文已批行府县，严移迁徙，这一百家共五十三姓，又如何能获得官府正式执照文引，浩荡迁徙？

（5）该文记，南雄珠玑巷百户走难南迁的准确时间是南宋度宗咸淳九年（1273 年）三月十六日，在珠玑巷起程，四月十五日到今顺德大良。咸淳八年，贾似道弄权，胡妃当尼，事件发酵至珠玑巷民起程南逃，理应至咸淳九年。但从珠玑巷到顺德大良约 420 公里走了整整一个月，平均每天约走 14 公里，这一百户人，显然不是船队。

2. 《陇西李氏族系考》

书末剪贴的第一篇考据文章叫《陇西李氏族系考》，署名为"二十一世裕孙荪香介谨考"。李荪，号香介，新会云步侃祖后裔，二十一世裕派裔孙，据云毕业于两广师范学校，后为驻古巴公使馆秘书，回国后曾任新会中学文史教员，参与编纂《云步谱》。香介君原文并无标点符号，且全为繁体字，括号内的文字均为原文所有，"按"应是香介君自按。此处断句、用简体字是笔者所为。

香介君的《陇西李氏族系考》载：

> 李氏出自赢姓。帝颛顼高阳氏生大业，大业生女华，女华生皋陶，为尧大理……

> ……晟有子十五人：曰伺、曰偲、曰偕、曰愿、曰聪、曰总、曰慈、曰凭、曰恕、曰宪、曰愬、曰懿、曰听、曰甚、曰愍。伺、偲、偕皆无禄早世，聪、总官卑早卒，愿、愬、听、宪最知名……

> ……而吾云步李族之子孙，沿流溯源，由枝及本，自当以西平王晟为百世不迁之祖。自西平王以下，愬生裕……素生翔泰（翔泰字始经，以宋真宗祥符六年癸丑六月初十日子时生，以宋神宗元丰七年甲子七月十五日丑时卒，寿七十二。配融氏、徐氏……），翔泰生鋆。鋆一作慧鋆，俗呼鋆曰联，故旧谱或作联公，讳荣昌，以宋仁宗景祐三年丙子十一月二十九日生，以宋徽宗崇宁二年癸未八月十五日未时卒，寿六十八。配陈氏，陈潮公之女，以宋仁宗景祐四年丁丑八月十三日卯时生，以宋徽宗政和元年戊戌五月十五日辰时卒，寿八十二。又配朱氏，以宋仁宗庆历四年甲申十月十一日巳时生，以宋徽宗政和三年癸巳九月二十七日寅时卒，寿七十。有子三人：长曰禧、次曰源、三曰桓。（按：别谱有载，公先娶柴后娶朱者与此略异）

> 当宋徽宗崇宁初，元崖黎内扰，柱国伍公以王命镇抚粤边。鋆以御史监

— 113 —

其军，自闽入广，别率舟师循鬐阳（今潮州汕江古称鬐江，又名鮀江）东下。而岭南瘴泾，海风不时，至将士多病死，师遂大溃。銮与三子桓泛楼船乘风南驶，师次海陵山（新会海中山）时，飓风大作，舟人汹惧，乃自海陵进驻溽阳（今台山广海卫）。卒以年老，又兵间积苦，间关万里，病益剧，遂卒于溽阳城。桓伐巨木作棺椁，薰葬公于溽阳嶒峨峰下荷木迳。桓旋奔越南。銮既卒，长子禧、次子源仍居江西吉安。

源有子四人：曰楹础（为宋兵部尚书）、曰柱硕、曰师道、曰友闻。其后以次自赣入广，是为尚书、瓦岗、荷塘、鹿洞各派之祖，另有谱不具述。

禧字梧江（禧公以宋仁宗嘉祐二年丁酉八月初三日寅时生，宋徽宗宣和四年壬寅八月二十七日卯时卒，寿六十六。配王氏……），有子二人：长曰栋、次曰棕。

栋公号任堂，是为我云步李族始迁祖（栋公以宋哲宗元祐二年丁卯五月廿四日辰时生，宋孝宗乾道三年丙戌七月十五日申时卒，寿八十。配禤氏……）。栋公有子三人：长曰侃、次曰佝、三曰佁。

侃字直卿（侃公以徽宗政和五年乙未八月初三日巳时生，以宋孝宗淳熙十年正月二十日亥时卒，寿六十七。子一曰然。）。时栋公世居吉水，以勤劳王室，身在行间，未遑兼顾，而赣南盗氛孔亟，所过为墟，遂命我侃公奉始祖妣禤太夫人南迁广州以避乱，因侨寓省城高第街。继迁番禺流溪里。其后，栋公以年老解兵柄，亦南下至广，卜居新会城外礼义坊中步巷（旧谱载，坊在会城西郊隆兴寺前）。侃公旋定居新会云步里，是我一世祖。

（按）陇西李氏，世为名将，汉史艳称久矣。自广以下至……我远祖西平忠武郡王晟。晟有大功于唐，德宗赐第长安……及凉国公愬迁洛阳……黄巢寇洛，大肆屠杀。仰常公挈眷奔南唐，遂居盱江。自仰常以下……自盱江迁居吉水（旧谱载，栋公世居吉水，即今江西吉安府属县），至九传遂生我始迁祖任堂公。时值北宋季世，徽钦北狩，高宗南渡，逢女真之外寇，更即虔之内扰，遂自吉水而南雄，由南雄而广州，由广州而新会。我一世祖直卿公遂以父命，偕弟佝、佁两公奉母氏禤夫人侨居新会礼义坊中步巷。我直卿公旋定居新会石碑都云步里，谱牒具载，厘然可考……

二十一世裕孙荪香介谨考

评述：

（1）《陇西李氏族系考》原文登载于民国《尘溪季刊》上。从《尘溪季刊》上的国民党党徽和晚年孙中山先生头像推测，登载时间应在民国十四年（1925 年）之后若干年。又收录在 1928 年出版的《云步谱》中。

后人说"据《云步谱》所载"，其实是说"据《云步谱》中《陇西李氏族系考》一文所载"。本书考证第三部分"二、／（二）／2. 率舟师自闽循鼍阳至新会再到广海"以及"三、／（二）／2. 《云步李氏宗谱》探讨"中的"评述"，其实也是对香介君《陇西李氏族系考》一文的评述，在这里不再重复。

（2）《云步谱》是栋翁大儿子李侃的新会云步后裔修的，始修于明代嘉靖二十九年（1550 年），清雍正七年（1729 年）重修，1928 年整理出版。《道全祠谱》是栋翁三儿子李俉的后裔修的，始修于明景泰八年（1457 年），在明嘉靖曾对家谱作考，清康熙、乾隆两次重修，民国六年（1917 年）进行增补、重新编辑，1918 年左右出版。

换言之，《道全祠谱》的始修、重修、出版都比《云步谱》早。两谱在唐先祖李愻、李晟的记载上相一致，但两谱在宋先祖栋翁入粤时间和经历等问题上的记载相差甚大。

两兄弟对宋先祖栋翁的记载竟然不同，只能说明，从李氏先祖入粤的南宋时代，直至明景泰、嘉靖朝这二百多年间，朝代兴亡，战乱频仍，社会动荡，家族逃散，各奔东西，谁能安逸下来修谱，把这二百多年家族史说得清、记得全，甚至连生辰八字都记得准确？例如，上列引文中，记联公夫人陈氏卒于"宋徽宗政和元年戊戌"，这就有错：宋徽宗政和元年是辛卯年；宋徽宗重和元年才是戊戌年。又如，引文中记栋公卒于"宋孝宗乾道三年丙戌"，这也有错：乾道三年是丁亥年；乾道二年才是丙戌年。显然，家谱、族谱是不够可靠的，只有靠朝廷记史来考证。

（3）香介文对"李氏出自嬴姓"的叙述引自《新唐书》，又引自《旧唐书》，认为李联唐代先祖是西平郡王李晟十五个儿子中的李愻。香介文考证说，翔泰生联，联生三子：禧（梧江）、源（凌江）、桓（垣江）。梧江生二子：栋、棕。

（4）香介君考证了半天，贡献可喜。可惜，对李联入粤时间、入粤路径的考证却是错的，对李联入粤目的地的问题是模糊不清的。对于李联入粤路径的叙述，什么自闽东下岭南，什么鼍阳为今潮州汕江古称鼍江，又名鉈江，什么海陵山是新会海中山，把明朝的称呼"广海卫"视为民国十五六年的今称呼等，正如本考证第三部分中指出：乱七八糟。

香介君为了文辞，随手造句，"间关万里"便也成了伤痕。自闽至浔阳，如何绕成万里之路？真如是，年老联翁能不积苦而死！香介文还把峨嵋峰称嵋峨峰。

（5）香介文对李联生卒年、李栋生卒年、李梧江生卒年、李侃生卒年、李侃定居云步时间、李栋因年老解兵柄而入粤等的考证，也是不对的，见第三部分。

（6）栋翁入粤南迁的去向有两种说法，分别以《道全祠谱》记载和香介君的《陇西李氏族系考》所载为代表。

栋翁三房伯翁后裔的家谱《道全祠谱》记载意思是：栋翁与弟棕翁及侃、徇、伯自南雄迁广州高第街，是年栋翁卒于重返南雄变产后的回途中，生前没有到新会；棕翁扶柩回广州，葬栋公于广州，后来分居，繁衍为香山斗门、顺德大良等派；侃、徇、伯、禤氏在高第街有居所，而不是匆匆过客，在此住了数年才迁至新会中步巷；侃分居到新会云步，后繁衍成云步派；徇、伯则奉母再迁台山筋竹坑。

而栋翁长房侃翁后裔香介文《陇西李氏族系考》记载意思是：栋翁身在行间，在外带兵，是命大儿子侃领头迁广州、迁番禺、迁新会；栋翁没有住过广州高第街，而是年老解甲后从驻兵地直迁新会中步巷了。栋翁住新会终老，当然葬新会了。就算"重返南雄，栋卒于回途"，那也是从新会重返南雄，卒于回新会之途。

侃为长兄，自然是父首先要授命的，这本来很合情理。但叔父棕翁同在，也可领头和嫂夫人带三侄南迁的。香介文没提棕翁，他怎么了？老父到中步巷后，大儿子侃旋离开老父定居到云步里。老父才到，怎就分居？

据称，栋翁今有墓在新会，这似乎说明栋翁生前到了新会。但是，此墓仅留一土堆，几乎什么也没有。作为五邑系李氏一世祖，又处于大儿子侃翁的定居地新会，栋翁墓如此简单，何解？而栋翁夫人禤氏墓位于台山，乾隆五十三年（1788年）又重修，有石刻墓碑，今天仍完好。乾隆五十三年（1788年），为什么不重修栋翁墓？或者，也重修了，为什么得不到维护？

如果栋翁与三子都在新会中步巷住，甚至住了二三十年，而后，栋翁身故，栋翁墓决不至于此。而且栋翁三子伯做了浙江天台知县，栋翁因此获文林郎称号，县太爷伯也不能容许父亲的墓是如此这般。

如果说栋翁身在江西，带兵勤王，命三子奉母迁广州高第街、迁番禺、迁新会中步巷，步步遥控，即如今天通信发达，也不便如此吧？如果栋翁带兵勤王，三子伲也该获庇荫，而不是倒过来，因儿子而光宗耀祖，获赠文林郎称号吧？

如果说栋翁先葬于广州，后迁葬新会，这不是不可以。但既是迁葬，为何不干脆迁葬至台山禤氏太夫人墓所在？

《道全祠谱》的始修、重修、出版都比《云步谱》早，但在对先祖李联的世系记载上，《道全祠谱》中民国初期的叙述发生了严重错误，而《云步谱》则是正确的，这是《云步谱》的大贡献。但是，在栋翁的南迁时间、南迁过程、卒葬等事项上，《道全祠谱》从明景泰八年（1457年）古谱起，至清乾隆四十五年（1780年）再重修谱止，记载都明白无疑，理应比《云步谱》、民国香介文更可靠。

更合情理的应该是：栋翁生前到了广州没有到过新会；栋翁卒于重返南雄后的回广州途中，棕翁奉枢而归广州，葬栋翁于广州，后来也没有迁葬，新会栋翁墓是虚墓。栋翁举家南迁广州高第街时，素波巷在广州南城的西南边，城外荒野，山林水泽，地形地貌不断变迁。栋翁归葬，墓地易寻，守墓难继，早就湮没，无所以迁。何况，元兵逼近，继而易帜，家人逃亡，自顾不暇，如何守墓如何迁？

由此得出：在栋翁入粤去向的问题上，栋翁三房后裔的家谱《道全祠谱》记载是合理的，栋翁长房香介文的记载是不合理的。

香介君是栋翁长房后裔，家有"旧谱"，记载了"栋公世居吉水"，记载了"新会礼义坊在城西郊隆兴寺前"。

栋翁三房伲翁是县太爷，二哥、母亲一直随他居住，清乾隆时，后裔在省城广州城中心又购地建道全李公祠，"势也够大的"。

3.《岭南李族溯源》

在1976年影印版《道全祠谱》书末剪贴的香介文之后，又剪贴了《新宁杂志》第十六期的一篇鬼魅文章《珠玑巷女娲庙之怪异》。仅为猎奇。

《新宁杂志》创办于1909年，是广东台山第一份由民间编辑出版的杂志。这反映出广东台山早就具备出版、印刷能力。《道全祠谱》也就由台山三埠新昌的醒华印务书局承印。

《岭南李族溯源》是影印版《道全祠谱》末最后一篇剪贴的考据文章。不知原文登载于何刊物，亦未署名。但已有旧式标点。肯定为民国年间之作。

该文载：

……岭南各处李族，俱以联翁为始祖。是则联翁之子孙，分居广东各处落籍居住。而广东各府州县之李族，其寻系修谱，亦只追至联翁而止……编者识见浅陋，不能稽翻古籍，以资证实，惟以一己鄙意之推测，询之里老口述统传，而推断联翁之生卒年月……

考旧族谱所载，联翁以宋孝宗丁卯年八月十三日生于河南省开封府之汴梁县，宋理宗戊子年五月十五日在岭南边陲之溽阳战败阵亡。

按此说殊可据。如以此而测定联翁之生卒年月，则宋孝宗丁卯即宋乾道二年，亦即民国纪前年七百六十五，至理宗戊子宋绍定元年，亦即民国纪元前七百零二年，寿为六十三岁。溽阳今即广州府台山县广海城。盖当时逆臣贾似道犯界，翁奉朝旨统兵进剿。时宋帝都临安，阵亡后，朝廷降旨厚恤其家族。

……

翁父为良翁，祖父为安政翁，世居河南汴梁。而安政翁以前不可考。一说谓之先世为唐宗室，世为名宦显官。朱温篡唐，遭五代乱，失官归里，至联翁而复起。一说谓安政翁为五胡乱举时，西凉武昭王李暠二十七传孙。西凉公李暠者，乃汉偏将海西侯李广后也。翁联父良翁，有兄弟四人：良翁居长，次为明翁，次为登翁，复次为丰翁。明登丰三翁之子孙，遭宋乱杂居华北各处，或仍居汴梁原籍，间亦有随联翁赴任流居岭表者。联翁配陈氏，乃河南望族陈鼎公女，生子三人：长梧江、次凌江、三桓江。梧江生二子：曰栋翁、曰棕翁。凌江生四子：曰楹础、曰柱硕、曰师道、曰友闻。梧江及凌江翁之子孙，分居广东全省各处。惟桓江翁于溽阳之役，随父出战，兵败，乘船漂泊，逃至安南，更其名为李轩子。闻其子孙蕃殖于安南，亦为安南名族。

评述：

（1）该文说："考旧族谱所载"，联翁生于宋孝宗乾道二年（1166 年），卒于宋理宗绍定元年（1228 年）。因为当时逆臣贾似道犯界，联翁奉旨进剿，溽阳战败阵亡。

贾似道，浙江人，生于 1213 年。1228 年才 15 岁，就窜到广东溽阳犯界？贾似道叛逆犯界 44 年后，到 1272 年，还能升高官当重臣在宋度宗前弄权逼胡妃当尼？真是胡扯。联翁生卒年显系乱推测，不值一驳。该文不知考的什么旧族谱。是否，此文抄了《道全祠谱》《纪所葬之坟墓》一文的错句"金元作乱，贾似道专权，高凉犯界"，改为又一错句"逆臣贾似道犯界"？

事实上，联翁是在恩州兵败，又从阳江乘船至溽阳，登岸后卒，桓江葬联翁。现在变成"溽阳战败阵亡"，桓江在"溽阳之役"兵败后乘船漂泊至安南，不葬父了？

（2）该文开篇就说："岭南各处李族，俱以联翁为始祖。"接着又说：联"翁父为良翁，祖父为安政翁"；安政生良、明、登、丰；良生联；联生梧江、凌江、桓江；梧江生栋、棕。

是则安政、良都不曾入粤？该文所说"安政—良—联"世系依何据？此世系与《纪所葬之坟墓》中所说"联是安政长子""安政四子是明良登丰"又不相同，该文的作者看过《道全祠谱》吗？是否，看过，只不过把错改为更错。该文说"良翁居长"，以为居长才是嫡传、嫡系。他从那里抄来的"良明登丰"？该文的作者，可知道堂堂的广州路刺史李安政？可知道广州白云山御书阁温太夫人墓？可知道他们的四子怎样排序？

显然，这些他都知道，要不他怎写"安政生良、明、登、丰，良生联"；这些他又都不知道，要不他怎写"岭南李族俱以联翁为始祖"。还好，这位先生已预先声明：编者识见浅陋，惟以一己鄙意推测。也罢！

可惜，尽管该文不是《道全祠谱》的内容，只是民国年间登载于刊物之作，但其影响却不小，而为许多家谱采用。许多家谱有关联翁世系为"安政—良—联"的记载就是抄了此文；又知道广州白云山有温太夫人墓，似乎"广州路刺史""御书阁"的衔头比"岭南监军御史""柯木迳"更威，更好攀附；李安政既当广州路刺史，肯定是入粤的，既又是联翁之祖父，当然就是岭南各处李族入粤始祖。于是，联翁不再是始祖，从而导出：李族入粤始祖是李安政；安政生良、明、登、丰；良生联；联生梧江、凌江、桓江；梧江生栋、棕。这个错误，能迷惑很多人，又难以考证否定。许多家谱未抄"逆臣贾似道犯界"，如果也抄了，岂不要损毁"安政生良，良生联"的正确性？

（3）民国年间的文章《岭南李族溯源》和《道全祠谱》中《纪所葬之坟墓》文一样，都是错认先祖。后文把自己先祖联翁认作安政翁之长子；前文虽不能肯定是否为栋翁后裔所作，但更甚，把联翁"考据"作安政翁之孙子！

（4）该文还说，联翁入粤平乱时，明、登、丰三翁之子孙杂居华北，或仍居河南汴梁，间亦有随联翁赴任居岭南。都摊分到了。不过，那时的华北已不是赵宋天下。该文竟可随意推测。

六、小结

通过对《道全祠谱》原著的详细阅读，可以得出：

(1) 李联，宋朝时任岭南监军御史，夫人朱氏、陈氏，生三子：梧江、凌江、垣（桓）江。垣江为平崖先锋。梧江生二子：栋、棕。

李栋，号任堂，始迁祖，宋赠文林郎，配禤氏，敕赠孺人，生三子：侃、侚、佁。侃为宋朝奉大夫，侚为宋行人，佁为宋县尹。

李佁，字元义，号道全，李栋的第三子，南宋时人，浙江天台县知县，夫人禤氏，生三子：雁云、雁川、雁杳。

(2) 清乾隆四十四年（1779 年）三月，广州道全李公祠落成。道全祖祠位于广州双门底拱北楼东面，即今北京路李白巷内的原李家祠堂。祖祠东有府学宫，学宫其南有文明门、万寿宫。

(3) 从明代至民国，修谱四次，作考作序六次，共十次：

明景泰八年（1457 年）古冈李守庸始修《陇西堂李氏族谱》，是最早的古家谱，记载了祖宗世系、先祖名讳、居处、坟墓、过往事迹。严贞撰了《家谱引言》，表明先祖栋翁南迁时间在南宋度宗朝。古冈黎贞（号秫坡）撰了《陇西堂李氏族谱序》，记载了栋翁举家由南雄珠玑巷迁广州高第街，后侃、侚、佁又奉母迁新会，还列出了侃、侚、佁子孙散处地。

明嘉靖三十三年（1554 年），何孟伦撰《陇西李氏世系记》，显示李栋的唐先祖是愬，愬父是李晟。

清康熙十二年癸丑（1673 年）李之任重修《佁祖族谱》，是第二次修谱。李之任亲撰《重修佁祖一支谱序》，明确：栋翁世居南雄珠玑巷，与其三子侃、侚、佁迁广州高第街的时间是度宗咸淳间。余玉成题《李氏族谱序》，明确了栋翁的南迁时间、过程、卒没是：咸淳八年，栋翁与其弟棕翁及三子侃、侚、佁一齐迁广州高第街，栋翁卒后，三子复奉母迁新会，而其弟棕翁徙斗门、大良。余序还列出了棕、侃、侚、佁、雁云、雁川、雁杳后裔散居的乡镇。

清乾隆四十五年庚子（1780 年）李绥再修《道全李家族谱》，是第三次修谱。蔡新撰《重修族谱序》。在这次修谱时，李绥写下《论修谱之缘起》《避祖讳论》两文；在《羊城宗祠形图》中划出了经分住房各派；在《佁祖子孙居住各派》文中，列出了道全翁三大房雁云、雁川、雁杳后裔居住的地方。

民国六年（1917 年），增补、再修《道全李公祠族谱》，是第四次修谱。大约民国七年（1918 年），由广东台山新昌醒华印务书局承印出版。

（4）在民国初第四次修谱时，写下《自南雄迁居广州来历》一文，总结性地详述了栋翁父子南迁的原因、时间、播迁经历和棕、侃、侚、佁的分居。文中有关贾似道欺君事，基本抄自《宋史》，但有抄错，文后"取胡妃子为东宫"的故事，则是抄者"乱抄"的。许多家谱记载始迁祖栋翁南下播迁的原因和经历，其源头就是抄录了《道全祠谱》中《自南雄迁居广州来历》一文的叙述。

（5）《陇西李氏任堂翁世系图》和《主位谱》部分，记述了栋翁、道全翁、雁云、雁川、雁杳的子孙世系、居住地、迁徙、墓葬简况。其中，引《广东通志》把应奎翁注述为"宋宁宗嘉定十二年己卯进士"、把应奎翁记为"皇宋显四世祖"是不正确的，应奎翁必定是元朝人。《广东通志》也是不能全信的。《主位谱》应改记应奎翁为"皇元显四世祖"。

（6）《纪所葬之坟墓》一文是《道全祠谱》中唯一提到李联的，记载了联翁入粤的经过，该文此处所载是正确的。许多家谱记的联翁入粤经过，其源头就是抄录了《纪所葬之坟墓》一文的叙述。

（7）《纪所葬之坟墓》一文记载了联翁墓、栋翁及姚褵氏墓、佁翁及姚褵氏墓，记载了道全翁遗嘱。本书考证确认：栋翁葬广州，新会栋翁墓是虚墓。

（8）清乾隆四十二年（1777 年）的《羊城宗祠形图》和《本祠坐向论》，说明了当年广州双门底、拱北楼、府学宫、文明门、万寿宫的位置，和考古学相印证，是记载广州市古地貌、地标的重要文献。

（9）许多家谱错误地把联翁世系接在李安政之后，错接先祖的第一个源头，就是民国初期重新增补编辑出版的《道全祠谱》中，民国编修人写下的《纪所葬之坟墓》一文。此文无端、突兀、荒唐编了一句"联翁，安政翁之长子也"。这是《道全祠谱》编修人留给后世的最大败笔和最严重误导。

记在此文内的错误还有：

① 联翁"生于宋高宗十七年丁卯八月十三日卯时，终于宋理宗四年五月十五日辰时，享寿八十二岁"。

② 联翁入粤是因"金元作乱，贾似道专权，高凉犯界"。

③ "光绪七年四月二十三日，新宁广海等处裔孙数百人到坟安碑，在石

碑上抄出安政翁夫人温氏葬于……"

（10）记在《自南雄迁居广州来历》文内的错误有：

① 栋翁是"天台县知县"。

② 抄《宋史》把原来的"祀景灵宫"抄成"幸景成宫"，把"胡贵嫔之父"抄成"胡贵妃之兄"，把"请如开禧故事"抄成"请妃开禧故事"，把"出贵嫔为尼"抄成"出胡贵妃"。

③ 胡妃事件中有关"取胡妃子为东宫"的部分。

（11）《道全祠谱》记载错误的，还有以下事项：

① 李氏始祖是帝颛顼。认为"李氏，偃姓。其初，帝颛顼高阳氏，有才子八人，其六曰庭坚……是为皋陶……"，此言记在何孟伦所撰《陇西李氏世系记》内。

② "李肇自黄帝。"此言记在李之任所撰《重修佁祖一支谱序》内。

（12）1976年，美国犹他家谱学会将《道全李公祠族谱》制成缩微胶卷版。犹他影印版包含了两部分内容：一是新昌醒华印务书局承印的铅印本《道全祠谱》；二是贴在该谱书末的剪报文章。

（13）剪报文章《广东人的来历》登载于1932年某报刊，列有南宋度宗咸淳九年（1273年）南雄珠玑巷百户南迁的详细名单和行程，其中无一人与本书考证有关。有关咸淳八年失妃事件，用了最离谱的苏妃版本。

（14）剪报文章《陇西李氏族系考》是侃祖后裔李香介所撰。香介文对李联生卒年、李栋生卒年、李梧江生卒年、李侃生卒年、李侃定居云步的时间记载是不对的；对李联入粤时间、入粤路径的叙述是错的；对李栋命大儿子侃领头迁广州、迁番禺、迁新会，自己年老解兵柄后直迁新会，在新会终老，葬新会的记载是不合理的。

（15）许多家谱错误地把联翁世系接在李安政之后，错接先祖的第二个源头，就是登载于民国年间某报刊的文章《岭南李族溯源》。此文有许多随意推测，最大错误在于写下："联翁父为良翁，祖父为安政翁"，李安政四子是"良明登丰"，"良翁居长"。

第五部分　我族近代先祖

在李氏入粤先祖考证中，已经得出清晰确凿的结论。而对于近代先人，后裔间原来也存在众多模糊记忆，其中个别人甚至疑及自己支派的血统。这个年代的先人事迹，时间跨度虽不大，却人多面阔，记录少，又散布海内外，极为难辨。可是，处在传承位置上的我们如不做考证，就再没别人能做！我们漏了，就永远是存疑。在考证过程中，笔者拜访了众知情老前辈，在世者都已七老八十，有几位更年过九旬，个别提供资料者书未成而人已作古，所得到的一些抢救性资料，不可再得，为免湮没，特此留下。这就是道全翁后裔、近代先祖二十世基述祖以后世系活动史迹的考证结果，仅能稍加整理。尊入粤始迁祖李栋为一世祖，道全翁长房雁云有一支的世系是：

栋—道全—雁云—俊甫—应奎—可山—君实……基述—就广……

一、迳头乡莲塘里

五世祖应奎翁、二十世基述祖都葬于原广东台山县迳头乡，最早从应奎翁始，就居迳头。至君实翁，已是"世居迳头"。就广祖以后，居迳头乡莲塘里。

迳头乡莲塘里（村）原属广东省台山县。莲塘村背靠山，顺地形朝向东北方（见附录图36）。村正北2.1公里为自西向东流的潭江，正东1.6公里为自南向北注入潭江的新昌水。村正北潭江南岸为新昌埠，毗连迳头乡。新昌、迳头就位于新昌水和潭江相汇形成的河湾小平原上。新昌埠实为一小岛，隔潭江北岸为原开平县城长沙埠，西面隔一水为台山荻海埠，南面隔一水便是迳头乡了。新昌、荻海、长沙合称三埠。新昌、荻海原属台山县，长沙属开平县，1952年，划三埠归开平县作县城。

莲塘村全村自东南向西北整齐排列有十五条巷，二十三世青云翁祖屋属第十二巷。村前是晒谷场，晒谷场外一排鱼塘，鱼塘后是果林、农田。村头有个水量丰富、水质清澈而甘甜养人的山泉古井，哺育着全村人。村东南山前空地曾辟为小学。好一派典型古老村落格局。

台山地少人多。随着历史演变，村民能力薄弱的留在莲塘村，有能力的迁居鸣凤村，再有能力的到广州谋生，或通过种种渠道出洋。先是下南洋，后是赴美洲，枝繁叶茂。

村正南 0.8 公里处叫牛仔山的一片山（迳头乡大良坑牛山咀），便是莲塘村大多村民的最后归宿——墓葬地。二十世基述祖与夫人甄氏就合葬于牛仔山。而村正南 12.3 公里，沿新昌水上溯，位于台城西面偏南，即是台山水南——就广翁长眠地。

二、先祖世系

二十世基述祖生荣广、推广、就广三子，简略世系列于表 4。此表资料并不齐全，有待来者补充，更期望得到接续。

至现代，儿子、女儿都已列入家谱了。

三、近代先祖及其后裔事迹

1. 二十世基述祖

基述祖生于 1778 年，终于 1826 年，享寿 49 岁（乡制）；夫人甄氏终于 1843 年，享寿 65 岁。基述祖墓在原台山县迳头牛仔山。这墓是基述祖的儿子于 1849 年为其父母基述祖与夫人甄氏合葬的重修墓。重修祖墓时基述祖三儿子就广翁 37 岁，夫人黄氏 35 岁。

基述祖生荣广、推广、就广三子。

2. 二十一世

（1）二十一世荣广祖。

若以"广"字算第一代，荣广的长房第五代孙名光伟，30 年代投奔延安，家中不知其所踪，致妻离子散。1949 年新中国成立后惊现广州，与雨生翁相认，寻回儿子。

荣广次房的第六代孙是健仁，50 年代时，与笔者在广州同住同吃同玩同学习，现居美国。

表 4　基述祖的世系

基字辈	广字辈	衍字辈	云字辈	礽字辈	伟字辈	烈字辈
基述（1778—1826年）甄氏	荣广				才伟	
					光伟	田达
				裴礽	坤生	健仁
				希礽		
	推广				源源	
	就广（1812—1878年）黄氏	润衍余氏	瞻云	超礽		
				思源		
				思达		
			现云余氏	藻礽余氏	子强	
					子惠1930—	
		盈衍	紫云			
			春云	显礽		
				景堂（约1891—1939年）余氏	福熙	
					福添	
					福南1920—	磊
					福享1931—余氏	家麟
				心礽		
		燿衍（1843—1870年）谭氏	青云（1864—1921年）陈氏（1863—1942年）	瑞礽余氏		
				凤礽（雨生）（1906—1998年）余氏（1904—1968年）	如珠1926—（婿余良基）	余碧瑶
						余振垣
						余振廉
					小薇1929—（婿余家骥）	余肇祥
						余肇琳
					景德1932— 谭氏1937—	祖光
						碧文
					定中1937— 赵氏1939—	旭鸣
						文聪
					挺芳1939— 毛氏1939—	玉平
						天青
					雄飞1947— 黄氏1946—	达人
			福云黄氏	喜礽	龙强（1919—2014年）余氏	爱琼
						爱谷
						国华
						秋霞
						国生
						国亮
						芝鸿
		裕衍余氏	鹏云余氏	顺俅	彬森	景琳
			昌云余氏	锡华（1915—1998年）	灿钟1949—	
				秋银	逢彩	

（2）二十一世推广祖。

推广的第五代孙是源源，住鸣凤村，与笔者小时相识。

（3）二十一世就广祖。

就广祖是基述祖的第三子，1812 年出世，生活在台山、江门地域，卒于 1878 年，享寿 67 岁，葬于台山水南泡步。

就广祖承继清贫，初时只好在乡下做小生意，后在江门市咸鱼街开设"茂兴"面粉店，家境开始富裕。面粉店主要传大儿子润衍、二儿子盈衍；传至第三代，由春云主持；至第四代由显礽翁、超礽翁主持时就已破产。

就广祖和夫人黄氏生有四子：润衍、盈衍、爝衍、裕衍。润衍、爝衍、裕衍三房有祖屋在迳头莲塘村。盈衍一房就搬至迳头鸣凤村居住了。

3. 二十二世

（1）二十二世润衍祖。

润衍祖是就广祖的长子。润衍祖有二子：瞻云、现云。长子瞻云的长子名超礽，次子现云的儿子名藻礽。

润衍祖承继父业江门面粉店，接传至其长房孙超礽时，已破产，其次房孙藻礽在乡生活。润衍祖、藻礽主要生活在台山、江门地域。

藻礽次子名子惠，就广祖大儿子润衍祖的曾孙，1930 年出生，今年 85 岁，现仍居莲塘村。子惠未见过裕衍，也未见过裕衍妻，未见过昌云孙灿钟。子惠知道，裕衍祖墓葬于坑口，由堂弟龙强帮手搞的。

（2）二十二世盈衍祖。

盈衍祖是就广祖的二儿子。盈衍祖也承继父业江门面粉店，接传至其次子春云。盈衍祖没有去过美国。盈衍祖有二子：紫云、春云。

紫云年轻时即去世，紫云妻本有二养子，她留一个，另一个给了坤生。

春云翁在水南出生，未去过南洋，也未去过美国。春云翁有一妾。春云有四子：

大儿子夭折。

二儿子显礽，春云传店业至其二儿子显礽。显礽与堂兄超礽共同主持面粉店，时已破产。

三儿子景堂，去过南洋，教学，但未去过美国。大革命时在广州读警校，报效国家。1939 年在故乡台山去世，夫人余氏 1944 年去世。景堂翁有四子：福熙、福添、福南、福享。

四儿子心礽，早年就去了加拿大，后回国结婚，再返加。在加去世，无子女。

景堂四子：

大儿子福熙，靠舅舅即母余氏兄长的关系赴美。已故。

二儿子福添，在广州。

三儿子福南，1920 年出生，今年 95 岁，定居美国旧金山。未见过祖父春云。20 世纪 30 年代十余岁时和父景堂在乡见过锡华，但不相识，锡华在广州读书。未见过锡华父昌云。风火一生，敬祖敬业。

四儿子福享，1931 年出生，8 岁丧父，13 岁丧母（母 53 岁）。1948 年离故乡台山到广州，也曾与笔者同住同吃同玩。新中国成立时在穗，参加过广州越秀山体育场兴建开挖施工（1950 年 3 月动工，10 月正式投入使用）。后曾回过乡。1950 年底赴香港，现定居美国旧金山。今年 84 岁。一生坚忍不拔，坦诚做人。

福享之上福南之下有三个姊，福享之下还有一妹。

（3）二十二世爝衍祖。

爝衍祖是就广祖的三儿子。爝衍祖 1843 年出生时，其父就广祖 32 岁。爝衍祖承江门父业余荫维持生活，1870 年 28 岁不幸身故，葬于开平县，时其父就广祖尚健在。爝衍祖夫人谭氏，有二子：青云、福云。

（4）二十二世裕衍祖。

裕衍祖是就广祖的四儿子。裕衍祖和夫人余氏详情未可考。1919 年出生的龙强、1920 年出生的福南、1930 年出生的子惠均没有见过他们。估计裕衍祖和夫人余氏应该在 1925 年前即已故去。此时，距他的三哥爝衍祖出生年已过去了 82 年。换言之，假设裕衍祖 1853 年才出生（爝衍祖出生后 10 年），至 1925 年故去时裕衍祖已享寿 72 岁。亦即此假设不失道理。

裕衍祖墓葬于故乡迳头。1938 年左右，雨生翁长子景德在乡见到过损毁的裕衍祖墓碑，后由雨生翁安排重修裕衍祖墓，葬于牛仔山对面山。此事爝衍的曾孙龙强、润衍的曾孙子惠都清楚。

裕衍祖有二子：鹏云、昌云。

裕衍祖大儿子鹏云和夫人余氏，龙强、子惠都见过他们，也熟悉鹏云子孙。鹏云一直在乡，住莲塘另一屋，已故。鹏云有一子，名顺俱；顺俱子名彬森（音）；彬森养子景琳，在乡。

关于昌云翁，有一些传言。2013 年 1 月 18 日，昌云孙灿钟传，其父锡华翁生前在美国曾向他说："你祖上曾在加利福尼亚萨克拉门托娶了一位白种人女子成婚。"据而推算后代有白人血统。这样，连种族血统都成了疑问。

笔者曾写下数篇论文，逐层剖析，以翔实资料和严密逻辑证明了所传的荒唐。

查证结果得出，一众李姓先祖、亲族的血统绝无含混。传言原来仅仅是：昌云翁在故乡有发妻余氏，传下后代；而昌云翁侨居菲律宾时，在马尼拉叫萨克拉门托（Sacramento）的地方另娶有非华裔女子为妾，育有混血后代在菲律宾，与中国毫无来往。下面，是查证的一些素材。

裕衍祖二儿子昌云翁，大约 1895 年左右在台山故乡出生。昌云翁家境并不富裕，还曾问乡人借钱。龙强少时在乡（大约 1930—1935 年期间）见过昌云，仅觉鼻子高些。此时昌云翁应该已是壮年了。子惠也见过昌云，感觉高大一些。大约 1935 年，子惠见昌云回乡行山祭祖，这"祖"，应该是裕衍祖和夫人余氏。

昌云翁成年后，与余氏结婚，大家习惯称呼余氏为"长婆"。昌云翁与发妻余氏（长婆）1915 年生锡华，1918 年生秋银。生下儿女后，昌云翁以二十来岁的青年之身离乡背井，下南洋，闯荡菲律宾。后来，昌云翁在菲律宾吕宋麻园种麻时，娶了麻园主人的女儿，一位非华裔女子，孕育了另外家庭。长婆自带锡华、秋银兄妹二人在台山故乡生活。

麻园主女儿下嫁一个已有正室的昌云翁，她知道昌云翁在中国有发妻，规定昌云翁回中国时间只能多久，不能超时不回菲律宾。但这位"洋女主人"从未到过台山。昌云翁发妻余氏（长婆）知道昌云翁在菲律宾有妾氏。

1935 年昌云翁（40 岁）回乡行山祭祖，并主持儿子锡华（20 岁）的婚事。婚后，昌云翁就带锡华去菲律宾。年轻新婚的锡华妻（17 岁）陪伴长婆、秋银留在故乡，没有去过菲律宾。1945 年抗战胜利后，锡华暂回国，而后重返菲律宾。1949 年锡华妻在广州生下灿钟，1955 年锡华妻带灿钟离广州赴香港居住。1960 年昌云翁在菲律宾去世（估算约 65 岁），葬于马尼拉。其时，锡华在菲律宾曾经和他姨娘——麻园主女儿一起生活，锡华妻和灿钟在香港。灿钟没有见过祖父昌云翁。

昌云翁和麻园主女儿养育的后代，已自成一家。故而锡华后来没有定居菲律宾继承父业。锡华在菲参与过打游击（抗日）。

锡华小时在乡读书，与龙强同校，龙强读一年级，锡华读五年级。锡华后到广州读中学，住广州中山二路。1935 年锡华 20 岁回乡结婚。锡华妻结婚过门后见过家公昌云，见过家婆余氏（长婆）、见过鹏云妻余氏。但此时，裕衍祖早已去世。

按习俗，锡华妻称呼为"家婆"的是锡华的母亲余氏（长婆），而不是锡华的婆婆（祖母）裕衍祖夫人余氏。在迳头莲塘，孙子也习惯称呼祖母为"婆婆"，称呼祖父为"公公"。

1948 年，33 岁的锡华借战后良机，从菲律宾回国，回乡接锡华妻到广州，住广州百子路，而后即返菲律宾。1949 年，31 岁的锡华妻在广州生下灿钟。1954 年，锡华妻带灿钟回乡，作为离别故土前的辞行，随即回广州，于1955 年赴香港居住。

昌云翁发妻余氏（长婆）带着秋银大女儿逢彩在故乡生活多年，1949 年新中国成立后，在故乡经历了"土改"。1956 年，长婆带 13 岁的外孙女逢彩去广州，住广州壬癸坊龙强家二楼。1959 年，长婆迁住广州珠光路她姊妹家，1960 年去世，龙强协助土葬广州沙河。

直至 1963 年，48 岁的锡华通过其妻姐妹即灿钟姨"若兰"在美关系，带 45 岁的锡华妻、14 岁的灿钟从香港赴美国定居。锡华翁故居委托龙强代管。

锡华的妹妹秋银，大约 1940 年和余姓前夫结婚，1943 年 25 岁在故乡生下大女儿逢彩，后离异。1947 年，29 岁的秋银与另一余姓再婚，1948 年 30 岁生下二女儿美坤（Lily）。1956 年长婆去广州后，曾带着外孙女逢彩到过广州雨生家。秋银于 1956 年 38 岁时，和美坤（Lily）一起，由后夫带赴台湾，途经香港时，和灿钟曾见面。1957 年，秋银 39 岁，和后夫在台湾生三女儿美宝（Mable）。1959 年，秋银、美坤（Lily）、美宝（Mable）由后夫带全家离台赴美，现在纽约。

1961 年，锡华妹秋银的大女儿逢彩赴美。约 1994 年，广州土葬地改造，长婆遗骨火化，51 岁的逢彩从美国回来，带长婆骨灰回乡，放莲塘故居神台上。约 1997 年，经龙强协助，长婆骨灰入土，取得昌云翁生辰八字，同葬，算是认祖归宗，故居神台上有其名号。2010 年逢彩 67 岁故去。由此可确知，虚葬乃常俗，有墓有碑却无骨。

锡华 1998 年在美故去，享寿 83 岁，锡华妻今仍在美三藩市（旧金山）。

［按］

菲律宾史：1898 年 6 月，菲律宾成立共和国。同年 12 月，美国依据对西班牙战争后签订的《巴黎条约》占领菲律宾，并"行使主权"。1899 年 2 月美菲战争爆发，1902 年菲律宾彻底成为美国殖民地。"二战"后，1946 年美国才允许菲律宾独立，7 月才成为真正的菲律宾共和国。

昌云翁在菲律宾（吕宋）麻园种麻，"麻园公主"极可能是美国裔白种人。

菲律宾成为美国殖民地近 50 年，即使到 1946 年独立，但还要再过 46 年之后，直至 1992 年美军才撤出菲律宾的军事基地，深受美国文化影响。因此，菲律宾的地名到处是美国地方名称，如圣弗兰西斯科、圣何塞、圣琼斯等。更为有趣的是，菲律宾马尼拉附近有个地方干脆就叫萨克拉门托（Sacramento）！

亚洲"二战"史：1937 年 7 月 7 日，日本全面侵华；1938 年 10 月广州沦陷；1939 年上半年日军攻占海南岛、南沙群岛；1941 年初攻缅甸；1941 年夏秋日寇占广东三埠；1941 年 12 月 7 日，日本偷袭珍珠港，同天攻马来西亚，几天后，进攻菲律宾；1941 年底占领香港；1943 年 1 月日军占领马尼拉；1945 年美军反攻菲律宾；1945 年 9 月，日本投降。

1951 年 2 月开始，香港—广州之间不再能自由出入。1957 年以前，广州回台山迳头莲塘只能坐船，经珠江、西江、潭江行驶一个晚上，到达新昌上岸，再搭小艇过迳头，或者搭小艇过荻海，然后行田基（不是什么"乡间小路"那么浪漫），起码近一个小时才能入村。公路不通，没有汽车。

4. 二十三世

（1）二十三世青云翁。

青云翁是燿衍祖大儿子。青云翁 1864 年出生，7 岁丧父，靠母谭氏抚养成人。14 岁即出门谋生，后在新会与人合资经营过杉铺。然店铺失火破产，遂回乡，教过书，处境拮据，年老多病而志未衰。1921 年 58 岁病故。青云翁有二子六女。二子：瑞礽、凤礽（雨生）。

青云翁夫人陈氏，1863 年出生，1887 年 24 岁生大儿子瑞礽翁；陈氏大女儿夭折；1891 年陈氏 28 岁生二女儿用女；1893 年 30 岁生三女儿兰幸；1897 年 34 岁生四女儿顺意；1901 年 38 岁生五女儿女美；至 1903 年生六女儿瑶秀，连生 6 女，陈氏年已 40 岁。其时青云翁尚健在，然 1902 年大儿子瑞礽翁 15 岁即身故，陈氏夫人守护着最大 11 岁的五个小女孩，在乡间饱受族人欺凌，抗争至伤残。幸陈氏坚韧刚强，艰苦卓绝，1906 年以 43 岁高龄产下她的二儿子凤礽，即雨生翁。从此，青云翁和夫人陈氏扬眉吐气，苦尽甘来。15 年后青云翁病故，伟大的陈氏仍幸福地活到 80 岁，1942 年故去，和青云翁合葬于故乡迳头牛仔山。

（2）二十三世福云翁。

福云翁是燿衍祖二儿子。福云翁大约 1867 年出生，大约 1892 年约 25 岁即故去。夫人黄氏，子喜礽，喜礽子就是龙强（实际上是 1920 年收养的一岁孤儿，1919 年生，喜礽实是他养父）。

龙强原居莲塘村锡华故居对面，两家门对门，是燿衍祖产业。1939 年结婚，1941 年 22 岁离乡随雨生翁到粤北，投身抗战期间广东后方建设。抗战胜利后回穗定居，妻余氏则到 1946 年才离开故乡莲塘村，定居广州市。一生吃苦耐劳，乐天知命，1984 年曾负责广州市白云山索道的施工管理。2014 年以 95 岁高龄在广州故去。龙强和余氏生下子女共 8 人（一个夭折）。龙强家所供祖先神位记：父喜礽，祖父福云，祖母黄氏，曾祖父燿衍。

龙强少时在乡见过昌云，也见过鹏云妻余氏。龙强故乡祖屋曾托人管理，后却被托管人拆掉。

5. 二十四世雨生翁

雨生翁（凤礽）是青云翁的二儿子，燿衍祖的孙子，世系是：

栋—道全—雁云—俊甫—应奎—可山—君实……基述—就广—燿衍—青云—雨生（凤礽）。

雨生翁字凤礽，讳荣沛，号雨生，1906 年生。少年时，父亲青云翁失业居乡。雨生翁 7 岁入学。1921 年春，未满 16 岁即离家到广州，考入省立第一中学读书，旋又闻父丧。1923 年，因经济困难退学，又兼母亲年老，遂回乡结婚，以便由妻子照顾母亲。1924 年，得二姊夫余清江（古建筑师，后来任广州市设计院总工程师）资助，继续在广州求学，考入广东陆军测量学校。1925 年 10 月毕业，辗转台山、新会、中山、海南、新兴、罗定、仁化、韶关、曲江、广州等地，从事测量、修筑公路等工作。20 世纪 30 年代受广东省民政厅委派，第二次回台山，测量地籍图 4 年，艰苦朴素，公正廉明，深得台山各地农民爱戴。

抗战时期，雨生翁撤离广州辗转粤北各地，从事广东大后方建设。1945 年抗战胜利后回广州，在市地政局工作，全家定居广州。1949 年 10 月 14 日广州解放，第二天，即回局工作，10 月 28 日，奉委为广州市人民政府地政局测绘科科长，并于 1950 年 1 月 12 日奉广州市人民政府叶剑英市长签发给任字第××号委任状。至 1952 年 12 月 10 日又奉广州市人民政府叶剑英市长签发工证字第 085××号《革命工作人员家属证明书》，准予家属享受革命工作人员优待。1954 年参加湖北荆江分洪工程，测量 1∶1 000 地形图。后又施测广州市近郊1:2 000地形图、编绘广州市区1:5 000地形图。1966年退休，工作40年，一生报效国家，是广东省测绘事业的先驱，高级工程师。在1998年广东省地图出版社出版、广东省国土厅测绘志编辑室编的《广东测绘史料（人物·法规篇）》中，雨生翁被列入"高级测绘人才""资深工程师"。夫人余秀英，勤劳朴素，善良睿智，用自己的一生，背起一个家庭，以她的慈爱，哺育了儿孙。1967年8月因受惊吓致脑出血，1968年11月不幸故去，儿孙抱恨终生。其父余习和，是广东三埠的名老中医。

雨生翁广州市故居于1936年建成，日寇入侵广州时曾占用，日本投降后收回。一直由自己一家居住。2014年1月被广州市人民政府评为第一批广州市历史建筑，编号GZ－01－0244挂牌保护。故乡古祖屋于1927—1928年间曾加建阁楼。

雨生翁子孙满堂，各放异彩，个个有出息，晚年幸福，享高寿93岁，1998年身故。2001年11月和妻余氏合葬于故乡迳头牛仔山。

雨生翁和妻余秀英生二女四子：大女如珠，二女小薇，长子景德，二子定中，三子挺芳，四子雄飞。定中、挺芳都出生在20世纪30年代故乡台山县迳头乡莲塘村，抗战胜利后，1945年11月，由母亲携带，离开农村到广州，和从粤北辗转返回的父亲相聚，一家团圆，自始迁居广州市，兄弟俩一齐入读以流水井何家祠为校舍的小学。

大姊姊如珠，在20世纪那个穷困年代，她独居香港，以自己车衣工的清贫，源源不断接济大陆的家，从碎布、线头、奶粉、猪油、煤油炉，到收录机、电视机、英文打字机，一家四代人没有一人不曾得到过她的照应。

大哥哥景德，1932年出生，人生曲折，可歌可泣。自小随父亲奔波在抗战后方粤北山区。1950年在广州广雅中学高中行将毕业时，报名抗美援朝参军参干。1953年复学，考入天津南开大学物理系，1956年以优异成绩提前毕业留校任教。1960年调中国人民解放军军事电信工程学院，正式参军。由此，广州的家门上还挂上了"光荣军属"牌。1965年转业。1978年调入广州中山大学，创建电介质物理实验室，1985年晋升教授，1986年经国务院学位委员会批准为电介质和铁电物理学科博士研究生导师，是我国电介质物理和铁电物理学科的带头人，组织全国100余位物理学家和研究生，坚持25年基础研究，总结中国三代物理学家的研究成果，他以坚韧不拔的意志和聪明才智积一生努力，写出物理学专著《电介质物理学》《电介质理论》和《电介质与标度数学理论》，并坚持首先在中国出版。他冲破物理学原有理论框架，发现不遵守现有四大力学基本规律的无例外地存在于各种物质中的慢效应，提出新的物理理论：慢效应理论。继而又提出了能够描述材料老化、记忆合金、DNA 自组装等历史记忆效应的标度数学理论。其超前于时代的意义和价值要留待后人才能评说。2014 年荣获中国物理学会电介质物理专业委员会"终身成就奖"。想曾在珠江中流击水的青年，是怎样怀着丰富的感情，抛弃人世的娱乐和享受，在物理学大漠中艰辛摸索，追求科学真理，忘我奉献，他是为了爱好、为了理想。他是中国科学家的代表之一。对他的一生，同行学者和组织给予了高度评价：学识渊博，治学严谨，睿智笃学，克己奉公，德学双馨，高山仰止，为后辈所景仰。

二子定中，1937 年出生。1951 年考入广州知用中学。把握命运，勤恳敬业，以不屈不挠的毅力跋涉于广州大地无数工业、民用建筑工地四十余年，从施工技术员到履任建工系统某公司总工程师、高级工程师。亲建广厦百千间，身居陋室自清闲。

四子雄飞，1947 年出生，1966 年广州市第十三中学高中毕业。老三届，八年知青，铸就坚强。自强不息，终于成就大学学业。在广州一直从事建筑工程施工及监理工作，精明能干，是国家注册建造师、注册造价师、注册监理工程师。

三子挺芳，生于农村，童年记忆就是亲情、农耕、战乱、逃难、忠诚的黑狗；还有，山火中大哥哥背着逃。抗战胜利后他迁入城市，乡下仔，连广州话也不懂，小学一年级，习作学字，是用毛笔描红，上大人孔乙己化三千七十士，放学由大哥哥接，背着过马路。童年的小人书、江湖小说，遭大哥哥焚烧；中学，入读华南师院附中，大哥哥教他学习方法，如何做笔记，如何自学，如何称地球重量。而从初中一年级起，父亲就要求他写日记、记账，教立身、处世，少壮要努力。1957 年考入天津大学化工系，又是大哥哥，以其微薄工资支撑了他五年全部费用。

1962 年大学毕业后，他被分配至化工部沈阳化工研究院腐蚀研究室。1965 年随研究室西迁"三线"兰州西固城，并入化工部化工机械研究院。先后任研究室课题组组长、主任工程师。1985 年调广州中石化系统某厂，相继组建腐蚀研究室、设备研究所、防腐蚀工程公司，任高级工程师、研究室主任、所长、公司经理，1999 年退休。随后转入他爱人先前创办的广东××防腐蚀工程有限公司继续发挥余热，直至 2008 年结束工作。

他一生从事科学研究、工程技术、设备事故分析。还兼任过中国腐蚀与防护学会理事、学会表面保护技术委员会副主任委员、中国化工防腐蚀技术协会技术委员会委员、编辑委员会委员、专家网络成员、中石化防腐蚀研究中心技术顾问、《大氮肥》杂志编委会委员、广东省腐蚀防护与表面工程学会副理事长。其科研成果获全国首届科学大会先进科技成果奖、联合国 TIPS 中国国家分部发明创新科技之星奖、省部级科技进步奖。曾参与《当代中国》丛书相关部分起草。出版著作有合编《腐蚀与防护手册》《石油化工装置设备腐蚀与防护手册》《设备维护检修规程——尿素高压设备及造粒塔》《二氧化碳汽提法尿素高压设备维护检修规程》，主编关于防腐蚀工的《国家职业标准》《国家职业资格培训教程》《职业技能鉴定指导》，译著《工业腐蚀监测》等。曾携论文于 1981 年在西德、1984 年在加拿大分别参加第八届和第九届国际金属腐蚀会议。1982 年，被评为全国侨属侨眷先进工作者。2004 年，中国防腐蚀技术协会授予他"中国防腐蚀大师"称号。

自 1957 年离开广州求学，他在华北、东北、西北生活 28 年，回归广州后，工作性质仍是面向全国，长期在中央直属部门工作，足迹几遍及全国，视野开阔。在父母和兄长的熏陶和工作磨炼下，勤奋好学，知识面宽，思维严谨，心灵手巧，理论与实践交融。

他和妻子毛力之，是大学同班同学。五载同窗，共同经受了处理"右"派、红专大辩论、双反交心、总路线、大跃进、除四害、修海河、造纸厂劳动、王顶堤劳动、大办工厂、自己动手建氯碱电解厂、体育大跃进、大炼钢铁、教育革命、反"右"倾、双革超声波、下乡李窑周官屯支援农业、三年困难、以菜代粮、三度下厂实习、毕业论文研究等社会实践洗礼。毕业后夫妻俩 46 载共事，始终在同一单位、同一研究室、同一专业，各自承担不同的研究课题，分工负责不同的业务，志同道合。毕业后，他的妻子负责的项目是"两弹一星"国防工程，任课题组组长、高级工程师。一生勤奋，责任心强，身体力行，思维敏锐，眼光富洞察力。其研究成果获全国首届科学大会先进科技成果奖、国防科委重大成果三等奖、化学工业部国防化工科技成果奖、化学工业部科学技术进步奖。1983 年出席甘肃省第七次妇女代表大会。事迹被列入国防化工军工史。因其突出贡献，1992 年，中国化学工业部授予她"国防化工创业奖"奖章、奖状。在轰轰烈烈的社会变革中，夫妻携手，跟随着国家的步伐，融入国家的命运，踏遍青山为人民，尽着中国知识分子的一颗赤胆忠心。其实，这也是那个年代很多科学技术人员的心声。

年过七十，笔者回味平生，成长往事历历在目。学业虽说正规，却充满故事；职业生涯又都是在高温高压剧毒易燃易爆的环境中拼搏，感悟经历过天翻地覆的风火岁月而能平安度过，殊为不易。可以坦荡地表白：无愧于时代。但始终魂牵梦萦的，却是时常感念父母养育之恩，而难得报答。

每一个人，都有他丰富多彩的人生，都有他令人尊重的事迹。

结　论

为了完成《广东李氏先祖考》，笔者进行了下述九个方面工作：

（1）查阅了大量古籍、正史、杂史、传奇等原著，查阅了远古、汉、唐、宋、元、明、清、民国等简史常识以及有关史料；

（2）查阅了大量地方志书；

（3）查阅对照了大量李氏族谱、家谱等谱牒；

（4）阅读参考了大量有关论文资料、网上文章；

（5）考证了重要的宗祠和墓碑记载；

（6）查阅了公元前8000年至公元前5000年新石器时代史前文化遗址等有关考古学资料；

（7）查阅考证了古今有关州县山河的地理资料；

（8）通过美国犹他家谱学会，获得完整的《道全李公祠族谱》原著，并详细阅读；

（9）亲身实地考察了广州市有关古地物、古墓，拜访了众多知情老前辈。

遵循尊重历史的原则，按秦时秦地、宋时宋地、今时今地对上述九个方面典籍原著资料的记载和实地考察详加校勘、考证、对照分析，作出判断，得出本结论。

一、中华李姓溯源

（1）李姓溯源就是皋陶，中华李姓血缘始祖是皋陶。

皋陶，又作咎陶、咎繇、皋繇，生于山东曲阜，葬于皋城（今安徽六安市），墓冢遗存至今。生活在尧、舜时代，尧时已获举用，舜帝确任皋陶为"士"，为"大理"。

（2）《管子》《尚书》《史记》都肯定，皋陶是尧、舜时掌管刑法典狱的官。

　　春秋时《管子》曰"皋陶为李",《尚书》载"皋陶作士",西汉时《史记》载"皋陶为大理",都是掌管刑法典狱的意思,是中国司法鼻祖。皋陶被孔子列为上古"四圣"之一。唐皇朝认皋陶为李姓始祖,唐玄宗追封皋陶为唐朝第一帝——"德明皇帝"。

　　(3)皋陶是中国黄河下游东夷少皞氏族一个首领,血缘与黄河上中游炎黄氏族无关,与帝颛顼无关;而在文化上,同属华夏文化。不可能从诸如《管子》《尚书》《左传》《史记》《山海经》《帝王世纪》《元和姓纂》/《姓纂》《新唐书》《路史》等古籍史书中查证出确切的皋陶先祖。

　　综合考证结果表明,皋陶是东夷少皞氏族一个首领。皋陶不是帝颛顼的儿子,也并非出自颛顼,并非出自黄帝,并非出自伏羲。《史记·五帝本纪》《新唐书》都明确,皋陶不是帝颛顼的儿子。

　　中国古代氏族林立,各有其地域,各有其文化,各有其首领。兴盛氏族的首领得以传名后世,成为一个时代。在文字、历法都没有成形的时代,少典、炎帝、黄帝、太昊、少昊等名,多半是指这个氏族,这个名字可以绵延几百年;有时候,这个名字又指这个氏族首领个人。战国时代学术昌明,儒家要来一个大综合、大系统,以天地人三才、水火木金土五德,配上远古传说的八位圣君,遂有"三皇五帝"之谓也。"三皇五帝"之说,并非这些氏族首领连续相继承,年数可记。但在黄帝、颛顼、喾、尧、舜五帝之说中,尧、舜和禹三人还是时代相接、互有关系的。

　　(4)皋陶后裔历虞、夏、商,世为大理,以官命族为理氏。商朝殷纣王时代的理征子李利贞,就是李姓得姓始祖,也是正史李姓第一人。

　　按《新唐书》载:商朝殷纣王时代,理征"以直道不容于纣,得罪而死。其妻陈国契和氏与子利贞逃难于伊侯之墟,食木子得全,遂改理为李氏"。

　　道教创立者——周朝的老子李耳是正史中最有名气的李姓第一人。

　　(5)下述说法不受采纳:

　　①皋陶是帝颛顼之后代。

　　②皋陶是轩辕黄帝之后代。

　　③皋陶世系始于伏羲。

　　④皋陶既是颛顼的外孙,又是黄帝族女婿。

　　⑤帝颛顼高阳氏生大业,大业生女华,女华生皋陶。

　　⑥皋陶是帝颛顼的第六子,曰庭坚,起初,在雷泽制陶,后受舜封于皋,是为皋陶。

⑦ 大业就是皋陶。

⑧ 大业是皋陶的祖父。

⑨ 皋陶是黄帝儿子少昊在山东的后代。

⑩ 正史是完全可信的，正史中的注解特别是古时的大家所注也一定可靠。

二、陇西堂李氏始祖

（1）陇山以西古称陇西。陇西郡是秦昭王设置的郡，郡治在狄道县，今称临洮县。

古陇西、陇西郡、陇西县是不同的概念。我国西北部六盘山的南段别称陇山，古陇西是泛称陇山以西的一大片地方。陇西郡是公元前280年秦昭王设置的郡，辖地相当于如今的兰州市、定西市、天水市、陇南地区一部和临夏一部的总和，郡治在狄道县。狄道县由秦献公建立于周安王十八年（前384年）。民国十八年（1929年），狄道县改称临洮县。陇西县初称襄武县，是公元前205年汉高祖所设置，北宋哲宗时才更名为陇西县。临洮县、陇西县今天都属甘肃省定西市。

（2）陇西堂李氏始祖是东周秦昭王时的首任陇西郡太守李崇。

李崇是李利贞的后裔，是道教创立者老子李耳的第十代。老子李耳西行出函谷，经散关，写下《道德经》，然后游河湟，涉流沙，莫知其所终。

李耳的儿子李宗在战国时被魏封于段干，段干约在今山西省夏县境内。李宗在山西省做了大夫，不是到狄道去，与陇西郡无涉。

按《新唐书》，李耳的第九代李昙，从赵入秦，当了秦国御史大夫。李昙生四子：崇、辨、昭、玑。长子李崇仕秦。公元前280年，东周秦昭王授命李崇为首任陇西郡太守。李崇家居狄道，开宗立派，是为陇西堂始祖。

（3）陇西堂李氏发祥地、祖居地是狄道县，不是今陇西县。

陇西堂李氏发祥地、祖居地的准确地点是今甘肃省定西市临洮县东川槐树里，不是今甘肃省定西市陇西县。我族李氏唐代先祖西平王李晟父左金吾卫将军李钦墓等遗址在临洮县。

（4）"陇西堂"的堂号源自唐朝。

唐太宗李世民登基后，下诏天下李姓的郡望为陇西。李氏的"根"在陇西，共尊"陇西"为郡望，"陇西堂"为堂号。

（5）李氏除陇西房外，还有赵郡房等其他房。

李崇的四弟李玑定居河北赵郡（今河北赵县），传下赵郡一房，为赵郡房李氏始祖。实际上，天下李氏有陇西房、赵郡房，还有其他房；陇西郡，除了李氏，也还有其他许多姓氏。

（6）下述说法不受采纳：

① 正史李姓第一人是李耳。

② 陇西堂李氏始祖是春秋时期李耳的儿子李宗。

③ 陇西堂李氏的根就在今甘肃省定西市陇西县。

④ 古陇西即今甘肃省定西市陇西县。

三、广东五邑系李氏入粤始祖及世系

陇西堂李氏入粤始祖有多支：有广东五邑系李联、李栋一族；有广东从化系李安政一族；还有广东梅州、潮州等粤东地域的其他李族分支，其先祖来自福建。

李联、李栋一支的散布地域主要在广州南部、西南部、西部各县；李安政一支的散布地域主要在广州北部、东北部、东部各县。两分支以广州为交汇中心。

（1）李联（或李銮），字松年，宋朝岭南监军御史，是陇西堂五邑系李氏入粤始祖，也是陇西堂我族李氏入粤始祖。

李联，大约生于北宋哲宗末徽宗初（约 1100 年）。南宋高宗绍兴三十年（1160 年），李联以岭南监军御史职入粤，时约 60 岁。李联卒于南宋高宗绍兴三十一年（1161 年），寿约 61 岁。

李联夫人朱氏、陈氏，生三子：梧江、凌江、垣（桓）江。长子梧江生二子：栋、棕。

李联因军务入粤而卒，葬于㳀阳（广海）峨嵋峰下柯木迳，喝作犬形，即今广东台山市广海甫草乡迳西。李联入粤时，三子先锋垣江大约 20 岁。李联三子梧、凌、垣都没有在粤境开宗播迁，故尊李联为陇西堂李氏入粤始祖。

联翁墓墓体为花岗石砌筑，墓碑文龙边抬头为"坐申向寅兼庚甲之……"，中榜为"宋任岭南监军御史讳联翁字松年李公之墓"，虎边落款为"光绪岁次壬辰仲冬吉旦重修"。光绪壬辰即清光绪十八年（1892 年）。

李联夫人朱氏、陈氏墓在今广东开平岘岗东山黄竹脑，砌筑良好，墓碑文龙边抬头为"本山坐丑向未喝作美女垟　民国十四年八月拾九日重修",中榜三排字为"宋任岭南监军御史号联翁字松年李公　妣朱氏二品太夫人　妣陈氏二品太夫人　坟",虎边落款为"祀男　梧江凌江垣江　孙……仝立"。

（2）李栋,号任堂,李联长子梧江的长子,李联长孙,宋赠文林郎,是陇西堂五邑系李氏入粤始迁祖、一世祖,也是陇西堂我族李氏入粤始迁祖、一世祖。

李栋,大约生于南宋孝宗淳熙十五年（1188 年）。李栋为避乱,由江西入粤居广东南雄珠玑巷。南宋度宗咸淳九年（1273 年）离珠玑巷迁居广州高第街素波巷,卒于南宋度宗咸淳九年（1273 年）,寿约 85 岁。

从李栋开始,正式安家定居于粤,开宗立派,繁衍后代,故尊李栋为陇西堂五邑李氏始迁祖、一世祖。李栋封文林郎,是因他的第三子伨任浙江天台县知县而获皇恩敕赠。

李栋夫人禤氏,又称米氏,敕赠孺人,生三子：侃、侚、伨。

在今广东新会大泽五和农场有李栋墓,仅是一小土堆,没有墓碑,墓前地面敷长条形水泥拜桌,刻"任堂李公墓桌",此墓是虚葬墓。李栋实葬广州,栋翁墓后来也没有迁葬,早就湮没,已不可考。

栋翁夫人禤氏墓在广东台山筋竹坑,喝作双飞蝴蝶形,副结穴,土堆,石刻墓碑文龙边抬头为"本山坐卯向西兼甲庚三分之原",中榜为"宋赠文林郎栋翁始祖妣李母禤氏夫人墓",虎边落款为"乾隆戊申年仲冬三大房侃侚伨〇立",乾隆戊申年即 1788 年。

（3）李侃,字直卿,栋翁长子,宋朝奉大夫,陇西堂五邑系李氏二世祖。李侃定居广东新会云步,形成云步房。

（4）李侚,栋翁第二子,宋行人,陇西堂五邑系李氏二世祖。李侚定居广东开平,开基成派。

（5）李伨,字元义,号道全,栋翁第三子,宋授浙江天台县知县,陇西堂五邑系李氏二世祖,我族李氏二世祖。

李伨任职浙江天台知县六年后退休终养,定居广东台山。李伨夫人禤氏,生三子：雁云、雁川、雁杳。

李伨（道全）墓在今台山三社丫髻山,天才穴,花岗石砌筑,墓碑文龙边抬头为"山坐壬向丙兼子午",中榜为"宋二世祖伨翁李公墓",虎边落款为"咸丰乙卯年春重修"。咸丰乙卯即清咸丰五年（1855 年）。

道全夫人禤氏的墓在台山筋竹坑,双飞蝴蝶形,正结穴,土堆,石刻墓碑文龙边抬头为"本山坐卯向酉兼甲庚三分之原",中榜为"宋授天台知县显二世伯祖妣李母褋氏夫人墓",虎边落款为"乾隆戊申仲冬三大房雁云川杏敬立",即1788年重修。后续配姚氏墓在台山独冈白象寺前,牛形。

《道全祠谱》中《纪所葬之坟墓》文内有道全翁"先葬妻后葬母"的遗嘱,解释了之所以母墓为副结穴、妻墓为正结穴的苦衷。

(6) 李雁云,讳文卿,字光祖,一字赤秀,号雁云,李道全长子,陇西堂台山李氏三世祖,我族李氏三世祖。

李雁云墓在今台山北陡。

(7) 笔者以栋翁为祖,以伯翁为宗。属道全翁雁云房迳头派。

笔者先祖世系是:

联(松年)—梧江—栋(任堂)—伯(道全)—雁云—俊甫—应奎—可山—君实……基述—就广—燿衍—青云—雨生(凤礽)

笔者家族班派,以栋翁为一世祖,自十七世至三十六世取的是"高第开基广衍云礽伟业;始兴树绩永彰家国宏猷"。根据先祖父笔记,上联实为"骏有声基广衍云礽伟烈"。笔者属伟字辈,二十五世。

从五世祖应奎翁始,迁居到前广东新宁(台山)迳头,子孙聚居成迳头乡(原台山县迳头乡)。应奎公出身进士,翰林院大学士,元朝人,葬迳头。

基字辈基述翁与夫人甄氏合葬墓(见附录图17)、云字辈青云翁与夫人陈氏合葬墓、礽字辈雨生翁与夫人余秀英合葬墓(见附录图18)都在原广东台山县迳头乡牛山咀或称牛仔山。

(8) 道全翁后裔祭祀的祖祠是广州道全李公祠,祭奠的远祖是联翁墓、栋翁墓。伯翁后裔祭祀的祖祠有新会李联宗祠、新会李栋祠、新会李伯祠等,祭奠的远祖是联翁墓、栋翁墓。

(9) 李联、李栋的先祖是唐朝中期德宗时西平郡王李晟的第十一子李愻。《云步谱》记载李联父是翔泰。

(10) 错接先祖世系、对李栋父祖记述出现严重错误的根源,始自民国初期编修的《道全李公祠族谱》中《纪所葬之坟墓》一文以及当时个别文章。

其错误是认为李联之父是李安政,或者说李联之父是李安政长子李良。

(11) 李乔木,字振堂,号楗楚(楗础),谥文庄,李联之孙,李联次子凌江之长子,葬今阳江官山。一些县志、家谱对其事迹、生卒时间的记载有误。

(12) 下述说法不受采纳:

① 李联生于北宋仁宗景祐三年丙子(1036年)十一月二十九日,北宋徽

宗崇宁初（1102 年）入粤，卒于北宋徽宗崇宁二年癸未（1103 年）八月十五日未时。

②李联生于南宋高宗绍兴十七年（1147 年），南宋理宗宝庆末年（1227 年）入粤，卒于南宋理宗绍定初年（1228 年）。

③李联生于南宋孝宗丁卯年八月十三日，卒于南宋理宗戊子年五月十五日。

④李梧江生于北宋仁宗嘉祐二年丁酉（1057 年）八月初三日寅时，卒于北宋徽宗宣和四年壬寅（1122 年）八月二十七日卯时。李凌江生于北宋英宗治平元年（1064 年），卒于南宋高宗绍兴十五年（1145 年）。

⑤李栋生于北宋哲宗元祐二年丁卯（1087 年）五月廿四日辰时，北宋钦宗靖康二年（1127 年）入粤，卒于南宋孝宗乾道三年丙戌（1167 年）七月十五日申时。

⑥李栋是天台县知县。

⑦李侃生于北宋徽宗政和五年乙未（1115 年）八月初三日巳时，卒于南宋孝宗淳熙十年（1183 年）正月二十日亥时。

⑧李乔木，生于北宋徽宗建中靖国元年（1101 年）或北宋徽宗崇宁二年（1103 年），南宋高宗绍兴年间或南宋高宗绍兴十七年（1147 年）入粤去海南平黎，卒于南宋高宗绍兴十七年（1147 年）。

⑨广东新会大泽李栋墓在山脚曾有石门楼，两石狮守护，十多条狮头圆柱——夹石旗杆，石兽、碑石墓道，御赐牌坊。

四、广东五邑系李氏入粤始祖入粤过程

（1）古今地理差别十分巨大，考辨清楚地理及其变迁，可以肯定正误，可以排除疑虑，对本书考证起着重要作用。

宋朝不称省、市，行政区划实行"路—州—县"三级制：最高一级为路；州级单位有府、州、军、监；县级单位有县、军、监。军也是一种行政区划单位，一般是军事重镇或要冲。县以下，设乡里制，即县下设乡，乡下设里。州一级的行政长官称为"知某州（军、监）事"。当时，广东称广南东路（简称广东路），广西称广南西路，江西称江南西路。

江西自古就是与中原、鄂、皖、江、浙交往较早的省份。江西赣州，有赣江水路北上吉水到南昌，直通长江；而从赣州往南溯章水而上，可达梅岭

山下，穿越梅岭直达广东南雄，就是岭南。

公元前 213 年，秦在五岭开山筑梅岭古道。唐开元四年（716 年），张九龄开凿、扩展梅岭古道。宋仁宗嘉祐年间（1056—1063 年），在梅岭古道上建关楼叫梅关，南雄梅关历来是南北交通要冲，更是南宋政治中心江浙与岭南联络的最重要国道。南雄珠玑古巷是汉族广府民系向岭南迁徙的重要中转站。

宋时，广南东路（广东）的西部边境是恩州。北宋庆历八年（1048 年），因河北路设立恩州，改广南东路恩州为南恩州，辖今恩平全境及阳江、阳春部分地区，州治在阳江。恩州（南恩州）扼守着广州与粤西、海南、广西南部和越南北部的咽喉，是广南西路琼州、雷州、高州等地通往广南东路端州（肇庆府）及京城的驿道必经之地，境内设有驿站，唐宋都在此驻军戍边。北宋时，恩州（南恩州）驻有正规军"系将禁兵"第十一将，但兵力薄弱。南宋初年，第十一将兵力减至不足千人。

宋时，广南西路（相当于广西地区）辖境包含今贵州南部、广西、海南、高州、雷州，治所在桂州。广南西路驻军有二将，桂州第十二将，邕州第十三将。

北宋、南宋时，桂、粤、琼等地常有蛮、黎、海寇等扰犯。宋朝国策是开建城邑，调兵镇戍，为防兵变，又实行以文制武。

北宋哲宗绍圣四年（1097 年），依鼍山筑阳江城，阳江又称鼍城、鼍阳。鼍江即今广东漠阳江。海陵山，在广东阳江西南大海中，清代又称为海陵岛，沿用至今。

今广东台山市广海镇，原称溽城、溽阳、溽洲，北宋设溽洲巡检司。明洪武二十七年（1394 年）曾于此建广海卫。是广州附近海防要地。

新会，隋唐宋三代又名冈州。县境含今广东新会、台山、斗门三区市，以及江门市城区郊区全境和珠海、中山、顺德、开平、鹤山、恩平六区市部分境域。至明弘治（1499 年），分置出新宁县。1914 年新宁县改称台山县。当时云步属石碑里，大致在今新会大泽镇一带。前台山三埠属得行里。新会会城南有潭江，沿潭江向西，直达台山、开平，向南出海口是崖门。

宋代广州城由子城（中城）、东城、西城、南城组成。北宋初，只有唐子城（中城）；北宋神宗熙宁二年（1069 年），修东城；1071 年建西城；南宋宁宗嘉定三年（1210 年），又筑南城，包入高第街、素波巷。

唐天祐三年（906 年），在广州城南门建"清海军楼"。918 年，清海军楼改建名"象阙",人称"双阙"。南宋理宗淳祐四年(1244年),"双阙"改建,俗称"双门",双门地面叫"双门底"。明代(有说是清顺治十年),"双门"重建,改名"拱北楼",其准确位置在今广州百货大厦东面北京路千年古道上。拱北楼东今李白巷内有清乾隆年建的道全李公祠。

古时广州珠江远比今天宽阔。在惠福西路五仙观附近有坡山,坡山西侧唐代时称西澳,是番商和洋舶码头地区。明代以前,广州西北郊石门的白泥河,往北直通北江石角,是古来南北水运主航道,北江南下广州的捷径。

(2)广东五邑系李氏入粤始祖李联入粤的时间是南宋高宗绍兴三十年(1160年),入粤原因是增兵"镇抚粤边",目的地是入驻南恩州,不是去雷州半岛,不是去海南。

根据《宋史》《建炎以来系年要录》记载"崖黎内扰"的史据,根据明代《广州人物传》和《新会县志》等有关伍珉的记载,根据对阳东县伍柱国公墓考,根据李联与李栋的祖孙年代关系以及对综合因素所做的逻辑推演,确认李联入粤的时间是南宋高宗绍兴三十年(1160年)。李联入粤原因是增兵,"镇抚粤边"以防"崖黎内扰",是一次正常的兵力布防,而不是去进行一次规模战斗、一次战役。目的地是入驻南恩州。

《宋史》《建炎以来系年要录》等正史记载,"崖黎内扰"发生于南宋高宗绍兴三十年夏(1160年)。是年夏天,海贼陈演添在高州、雷州境上抢掠,在广东的西门口——南恩州边境掳劫南恩州民林观等九十余人;海南黎人王文满因官逼民反,攻破琼州定南寨,抓了知州儿子,抢掠临高、澄迈二县,时任琼管安抚的广西转运判官邓祚调士兵击王文满,未能抓获,只是驱逐了他,还夺其田以赐有功者,王文满流窜。这两起事件,是李联—伍柱国公高宗朝入粤镇守南恩州以防崖黎内扰的史据。根据明代《广州人物传》、《新会县志》、伍柱国公墓考,以及对综合因素进行逻辑推演,也获得了与此入粤时间相一致的结果。

伍珉,字毓圣,号国宾。南宋高宗绍兴三十年(1160年)入粤戍边,为第十一将镇守南恩州。时五六十岁,两年内死于任上,葬在今阳江象山。伍珉墓碑中署"宋上柱国镇守南恩将军毓圣伍公之墓",左下署"宋高宗绍兴年间葬"。清道光年间、民国二十四年、1987年三次重修。

(3)李联的入粤路径是经江西过梅关到南雄,取驿道陆路行军到南恩州屯营,不是从福建出发走海路入粤。

李联的入粤过程可以这样描述:南宋高宗绍兴三十年夏秋(1160年),

李联以御史监军职，与伍柱国公伍珉增兵入粤，李联第三子垣江为平崖先锋，经江西过梅关到广东南雄，取驿道陆路行军到南恩州屯营，镇守南恩州，防卫海南黎族和海贼内扰。正是夏秋盛暑的岭南，山地行军，山岚瘴气侵袭。因水土不服，在阳江兵败，军散。李联由垣江护卫，驾船离开阳江，暂停海陵山，继而离开海陵山，至潝洲（今台山广海）泊舟登岸。劳顿忧愤，年事已高的李联病卒，垣江斩指殉葬联翁于潝阳峨嵋峰下。之后，传说垣江奔向越南了。其时，垣江二位兄长梧江、凌江仍居江西吉安。

（4）联翁入粤与金兵无关。在谈论栋翁时，所谓"金元炽乱"有误，原文本是"金源炽乱"。

"金源炽乱"一语源出于《云步谱》中的"始迁祖栋公传"。原著写的是"宋靖康间，金源炽乱"，被后人改为"宋靖康间，金元炽乱"。"源"改成"元"，本意是金兵源源不断南犯，变成金兵、元兵接踵南犯，时序不清，犯历史错误。

因为，南宋理宗端平二年（1235年）以前，蒙古汗国尚弱，那个年代的宋史，只提金兵入侵。南宋端平二年（1235年）以后，金朝已亡，再没有什么金兵入侵。南宋度宗咸淳七年（1271年），大元建国，才开始有"元兵"入侵。

而在叙述南宋高宗绍兴三十年（1160年）李联入粤时，说是因"金元作乱"，则"元"改成"源"也是错的。联翁入粤与金兵无关。

（5）五邑系李氏入粤始迁祖李栋离南雄珠玑巷举家南迁的时间，是在南宋度宗咸淳九年（1273年），南迁的原因是避胡妃事件。

根据对李联入粤时间考证的确认，根据南宋历史背景，根据《道全祠谱》明景泰八年（1457年）和清康熙癸丑年（1673年）的古序记载，一致确认：李栋举家南迁的时间是在南宋度宗咸淳九年（1273年），而不是在更早一百几十年前的北宋钦宗朝或南宋高宗朝。南迁的原因是避胡妃事件。

胡妃事件的起因是贾似道专横跋扈，弄权逼度宗送胡贵妃去当尼姑。《宋史》明载：

南宋度宗咸淳八年（1272年），"明堂礼成，祀景灵宫。天大雨，似道期帝雨止升辂。胡贵嫔之父显祖为带御器械，请如开禧故事，却辂，乘逍遥辇还宫。帝曰平章云云，显祖绐曰：'平章已允乘逍遥辇矣。'帝遂归。似道大怒曰：'臣为大礼使，陛下举动不得预闻，乞罢政。'即日出嘉会门。帝留之不得，乃罢显祖，涕泣出贵嫔为尼，始还"。

而胡妃去向、胡妃在南雄珠玑巷并导致珠玑巷民南逃的说法散见于南迁诸氏如李、麦、罗、郭、谢等氏族谱、南雄县志以及珠玑巷乡人相传，但是说法有7种版本。

根据《宋史》记载，宋度宗与一后两妃有三子，与胡妃没有子。那种"因皇后无子，乃取胡妃子为东宫"的记述是错误的。苏妃版本也是离谱的。

（6）李栋举家南迁先抵广州高第街，栋翁卒葬于广州。其后数年，侃、佝、伒又奉母禤氏迁至新会。后来，佝、伒奉母再迁新宁（今台山）筋竹坑。栋翁生前没有到过新会。

李栋南迁广州的经历、病卒、墓葬和三房分居过程可以描述如下：

因"虔（今赣州）寇"频乱，李栋由江西吉水迁入粤，居南雄珠玑巷。至度宗咸淳九年春（1273年），因避胡妃事件，李栋与禤氏、三子（侃、佝、伒）及弟李棕离南雄珠玑巷，举家南迁。很可能是从南雄沿浈水、北江经石角走白泥河至石门顺流而入广州，从西澳附近上岸，到高第街素波巷安下家。事定，栋、棕重返南雄变产赍所有，在回广州途中，栋翁卒，棕翁扶柩乘船而归，葬栋公于广州。其后数年，侃、佝、伒又奉母禤氏迁至新会中步巷。三迁石步。佝、伒奉母再迁新宁（今台山）筋竹坑。

侃翁迁至新会后又分居云步，形成云步派。后裔主要聚居在今新会大泽、七堡一带。棕翁没有迁新会，而是迁向广州南面，成为香山斗门、顺德大良等派。

今广州市高第街素波巷内已不见当年栋祖南迁时的任何遗迹。

（7）先祖的播迁，跟随着时代的脉搏，有着深刻的历史背景。佝、伒等向台山、开平西迁的原因和路径有其历史的、形势的、地理的必然性，与元兵逼近新会有关。

本书考证指出，佝、伒等向台山、开平迁徙的方向与他们的曾祖李联墓葬台山有关，更与元兵逼近新会有关，与新会—潭江—台山、开平的地理位置有关。在南宋历史背景下，李栋家族沿着浈水、北江、珠江、西江、潭江水系播迁。因为，1276年元兵攻破都城临安，两年内，端宗向广东逃亡病死，1278年幼主赵昺继位，1279年新会崖门海战，南宋亡。故此，1273年李栋南迁到广州后数年，时势所逼，侃、佝、伒要奉母迁至新会；再其后，元兵逼近新会，佝、伒又不得不奉母禤氏离新会沿潭江西迁向台山、开平逃难，继而定居。在西迁逃难当年，并未分出新宁县（更不称台山县），那些地域还都在新会县境内。

这也从侧面再次证明：李联入粤是在南宋高宗绍兴三十年（1160 年）；栋公一家南迁是在宋末咸淳九年（1273 年）；本结论的李联、李栋生卒年是合理的。

考证结果能把李联、李栋的祖孙三代人关系、生卒年、入粤年，李栋与家人的入粤—南下—西迁，和《宋史》、《建炎以来系年要录》、《广州人物传》、《新会县志》、伍珉墓刻、《道全祠谱》古序记、时势、地理等有机地自然而然地联结起来。因为，这是历史，是事实。

而《云步谱》中所述李联、李栋的祖孙三代人关系、生卒年、入粤年，栋公与家人的入粤—南下—西迁，就不能和《宋史》、《建炎以来系年要录》、《广州人物传》、《新会县志》、伍珉墓刻、《道全祠谱》古序记、时势、地理等如此合理联结，因而《云步谱》中这部分的记述是不可靠的。

（8）《云步谱》对李栋在北宋钦宗朝或南宋高宗朝或孝宗初举家南迁广州、新会、台山的记述也是不合理的。

南宋高宗、孝宗两个南宋初帝，江山尚稳，赵宋皇朝还有一百多年气数。高宗建炎三年（1129 年）金兀术挥军过长江和绍兴年间（1142 年）冤杀岳飞的时局，都不是李栋"先遣三子奉母南下"或携家人南下之原因。李栋帅勤王师随营南渡，入粤驻军南雄不合情理，也缺乏史据。甚至是孝宗初期（乾道年间，1167 年后）的情势，也没有理由导致徇、怡奉母离新会向荒凉、陌生的台山、开平西迁。

这从反面证明，认为李联在北宋徽宗崇宁初入粤，李栋在北宋钦宗朝或南宋高宗朝或孝宗初就举家南迁广州、新会、台山、开平，是不合理的。

（9）下述说法不受采纳：

①"崖黎内扰"发生在北宋徽宗崇宁初年（1102 年）。或者说，发生在南宋理宗宝庆末年（1227 年）。

②李联自闽入粤，带兵乘船由福州赴雷州半岛，去海南平黎。

③李联自闽入粤，别率舟师循鼍阳东下岭南。鼍阳即今潮州汕江，古称鼍江，又名鮀江。海陵山是新会海中山。或者说，海陵山在今中山市外海。

④李联自江西经福建出发走海路入粤。

⑤"元崖黎内扰""元崖内扰""金元炽乱""金元入侵""金元作乱""伍珉抗元"等说法。特别是在宋徽宗崇宁初（1102 年）、靖康二年（1127 年）、宋高宗绍兴三十一年（1161 年）、宋理宗宝庆末年（1227 年）等时间上，采用这些词语。

⑥ 南雄珠玑巷民大批南逃南迁的时间在南宋度宗咸淳八年（1272 年）。李栋举家南迁的时间在南宋度宗咸淳八年（1272 年）。

⑦ 南宋高宗建炎时（1127—1130 年），因赣南盗氛，李栋以勤劳王室，身在行间，未遑兼顾，命大儿子侃领头与佝、伿奉母禤氏由江西迁居南雄，旋下广州高第街，继迁番禺，后栋公年老解甲，亦由江西直迁新会。

⑧ 北宋钦宗靖康二年（1127 年），李栋帅勤王师，驻军在南雄沙水村，镇关粤北 15 年，绍兴议和后（1142 年）壮年解甲，或镇关粤北 39 年，在南宋孝宗乾道二年（1166 年）才老年解甲，并与棕弟一起，汇合家眷南下同迁新会。

⑨ 南宋高宗绍兴二年（1132 年），李栋与家人迁至广州，后再迁至新会。

⑩ 伍珉生于北宋哲宗绍圣四年（1097 年），南宋高宗绍兴七年（1137 年）入粤，卒于南宋高宗绍兴二十四年（1154 年），宋高宗朝为岭南第十三将。

五、关于《道全李公祠族谱》

（1）《道全李公祠族谱》是民国六年（1917 年）以李绥乾隆再修谱为基础，重新增补、编辑所修成。民国七年（1918 年）交广东台山新昌醒华印务书局承印出版。

道全李公祠落成后，清乾隆四十五年庚子（1780 年），李绥依据明景泰八年（1457 年）李守庸修的古族谱和清康熙十二年癸丑（1673 年）李之任的重修谱，再次重修了族谱，取名《道全李家族谱》。

民国六年（1917 年）旧历七月秋祭后，道全翁后裔以清乾隆四十五年李绥再修的《道全李家族谱》为基础，组织收集新资料进行增补，重新编辑，第四次修谱。补入秋祭后以燕翼堂名义制定的《明年祭期办法》；补入清康熙癸丑年（1673 年）之后的先祖神位牌、所葬之坟墓等，重写了《纪所葬之坟墓》一文；补入道全翁六世以后直至民国六年（1917 年）左右各派仕籍庠序，最后定名为《道全李公祠族谱》，交广东台山新昌醒华印务书局承印出版，出版时间起码也要到民国七年（1918 年）。

数十年后，一位台山华侨将一些剪报文章贴在自己保存的一本民国增补版《道全祠谱》书末。1976 年，美国犹他家谱学会将此谱书连同剪报文章进行摄影，制成缩微胶卷保存，是为《道全祠谱》犹他影印版。犹他影印版包含了两部分内容：一是新昌醒华印务书局承印的铅印本民国增补版《道全祠谱》；二是贴在该版书末的剪报文章，这些"剪报文章"，原来刊登于20世纪二三十年代的报纸杂志上，不属于《道全祠谱》。

（2）在考证广东李氏入粤先祖的轨迹上，《道全祠谱》有更高的重要性，大多数记载较可靠。

《道全祠谱》的全部内容包括：6篇序、《论修谱之缘起》、《自南雄迁居广州来历》、《纪所葬之坟墓》、《避祖讳论》、《谱例》、《省城道全翁建祠序》、《本祠坐向论》、《羊城宗祠形图》、《主位谱》、《道全翁祖祠规条》、《班联》、《伯祖子孙居住各派》、《陇西李氏任堂翁世系图》、《道全翁后五世仕籍通名实录》、《道全翁六世以后各派仕籍庠序实录》。

序的部分，编入了从明景泰八年（1457年）起至清乾隆四十五年（1780年），历朝累记的6篇序。

《道全李公祠族谱》《云步李氏宗谱》是两本影响很大的基础谱，很多广东李氏家谱的早年情况都据此而修。《道全祠谱》是栋翁三儿子李佁的后裔根据佁派古谱所修，《云步谱》是栋翁大儿子李侃的新会云步后裔根据侃派古谱所修。《道全祠谱》比《云步谱》始修早93年、重修早56年、出版早10年。两谱分别记载了佁派、侃派大量珍贵资料，非常难得。在唐先祖李愬、李晟的记载上，两谱相一致。但是，在入粤始祖李联的世系和入粤经过、在始迁祖栋翁南下播迁的记载上，两谱相差甚大。

在李联的世系记载上，《云步谱》是正确的，这是《云步谱》的大贡献；而《道全祠谱》中，保留的明、清两代古谱并无记载，到了民国初期，新写的章节却发生了严重错误。

在李联入粤经过的记载上，《云步谱》是错误的；而《道全祠谱》是正确的。

在李联生卒时间、入粤时间的记载上，两谱都是错误的。

在栋翁的南迁原因、时间、南迁过程、卒葬等记载上，《云步谱》是错误的；而《道全祠谱》依据的明景泰八年（1457年）古谱，直至清乾隆四十五年（1780年）的再修谱，记载都明白无疑，记载是正确的。

显然，在考证入粤先祖的轨迹上，《道全祠谱》有更高的重要性。

（3）《道全祠谱》留下了许多珍贵资料，但民国年间新写的一些章节却出现严重错误，错接先祖。全谱的编辑也较粗糙。

其主要价值是：

① 正确记载了陇西堂广东五邑系李氏入粤始祖李联入粤的经过、路径。

②正确记载了陇西堂广东五邑系李氏始迁祖李栋父子南迁的原因、时间、播迁经历和棕、侃、侚、佁的分居与西迁。

③详细记载了李栋子孙姓名、子孙散处地、墓葬，清晰表明李联、李栋一支与陇西堂广东从化系李安政一支毫无关联。

④是记载广州市古地貌、地标的重要文献。

其最大错误是：

民国初期编修人新写下的《纪所葬之坟墓》一文，错接先祖，错误地把联翁世系接在李安政之后。

（4）《道全祠谱》中《纪所葬之坟墓》一文，正确的部分是正确记载了联翁入粤的经过、路径，是许多家谱抄录的源头文本。

《纪所葬之坟墓》一文详述：

垣江翁为平崖先锋，联翁为监军御史，与伍柱国公"引南雄兵到南恩（今恩平）屯营。水土不服，战败鼍阳（今阳江）。将帅阵亡，兵散，翁与三子垣江翁驾战船，望海陵波上。船至古冈州溽阳（今广海）地面，泊舟海崖。翁乃仙游。垣江翁遥望高峰，双岭邻融，会凝聚树木森林。取大小木作棺，扶柩安葬于土名峨嶒峰下，喝作犬形，土人称柯木迳是也。垣江翁斩指殉翁之侧，故有斩指之名也"。

（5）民国初期重辑出版《道全祠谱》时总结性地写下《自南雄迁居广州来历》一文，正确记载了始迁祖栋翁的南下播迁，是许多家谱抄录的源头文本。

从明景泰八年（1457年）李守庸修古谱起，至清乾隆四十五年（1780年）李绥再修谱止，其间八位先人修谱三次、对家谱作考作序六次，共九次，对栋翁自南雄的南迁时间、南迁过程、卒葬明白无疑地表明：栋翁于南宋度宗咸淳间，举家自南雄迁广州高第街，栋翁卒；侃、侚、佁复奉母迁古冈。

民国初写的《自南雄迁居广州来历》一文详述：

度宗咸淳九年癸酉春，因皇妃之故，（栋翁）与弟棕翁及三子侃、侚、佁自南雄迁居广州高第街。后事定，与棕翁返南雄，变卖田产，尽赍所有以回广，至半途而卒。棕翁奉翁枢以归。厥后数年，三子侃、侚、佁又奉母禤氏自广郡迁至新会县西郊中步巷。佁翁再迁新宁德行都六图筋竹坑……

该文有关胡妃事件的记载，基本抄自《宋史》。但多有抄错：把原来的

— 150 —

"祀景灵宫"抄成"幸景成宫",把"胡贵嫔之父"抄成"胡贵妃之兄",把"请如开禧故事"抄成"请妃开禧故事",把"出贵嫔为尼"抄成"出胡贵妃"。后面"取胡妃子为东宫"的故事,则是抄者"乱抄"的,不符史实。

(6)《道全祠谱》中划出的各派属房和列出的侃、佾、佁子孙散处地清楚表明,李联、李栋与李安政毫无关联。

明景泰八年(1457 年)撰的《陇西堂李氏族谱序》中所列侃、佾、佁子孙散处地,清乾隆四十二年(1777 年)《羊城宗祠形图》中划出的各派属房,都清楚地表明,道全祖祠只由道全翁后裔祭祀。侃、佾、佁子孙祭奠的远祖是联翁墓、栋翁墓。这些事实,在清乾隆四十五年(1780 年)李绥重修的《道全李家族谱》中是清晰的、没有疑义的。

明景泰古谱所列侃、佾、佁子孙散处地有:莲塘、园背、冲澄、洞阁、汾界、梧村、沙堤、白石、独冈、迳头、横塘、官路等。

道全祖祠建造规划中划出的经分住房各派有:务前、迳头、冲澄、横塘、杜冈、莘村、古州、洞阁、莲塘、梧村、甜水、陈山、龙江、邦头、沙堤、田辽、沙澜、衍阳、九江、潮连、石湾、潭水、水流巷、伴冲、钟村、独冈、桥门、温边、丹灶、白石、冲蒌、华萍、南乡、富斗、高地、石冲苑、北芬、耙冲、蓬村。

道全翁三大房雁云、雁川、雁杳后裔居住的地方、各派有:

雁云裔孙居住地是新会(莲塘、桂花坊、沙堤、水流巷、江门、白石、南乡、西边、高地、耙冲、蓬村);新宁(台山)(迳头、横塘、莘村、冲蒌、华萍);开平(冲澄、海心、杜冈、古州);鹤山(陈山);阳江(田辽、洪村);南海(九江);顺德(龙江)。

雁川裔孙居住地是新会(梧村、东门、甜水、冈美、石湾、桥门、冲边、胜塘、丹灶、慈佛头、石冲苑);新宁(台山)(义门、沙澜、独冈);鹤山(北芬);阳江(潭水);番禺(钟村);高州(石城)。

雁杳裔孙居住地是新会(邦头、潮连、打银、伴冲、墓前、东头、洞阁);开平(赤蒜)。

散处地、各派属房、居住地中的"迳头"原属广东省台山县迳头乡,散处地中的"莲塘"不是迳头乡莲塘里(莲塘村)。

(7)道全李公祠建于清乾隆四十四年(1779 年),位于广州市今北京路李白巷内。

清乾隆四十一年(1776 年),李佁(道全)三大房雁云、雁川、雁杳后裔各派捐金，"用银叁千陆百两"，在当年广州双门底拱北楼东面购吉地兴建道全李公祠，清乾隆四十四年（1779 年）三月落成。道全翁及禤氏太孺人真像存邦头派子孙收贮。道全祖祠地原契券存沙堤派子孙收贮。

广州道全李公祠就是今北京路李白巷内的原李家祠堂。当年宗祠属下范围较大。三十年前，李白巷内的道全李公祠尚存，今已不见当年道全祖祠的任何遗迹，原址建有一座体量庞大的九层连排居民楼，住有李姓回迁户。

（8）《道全祠谱》中清乾隆四十二年（1777 年）的《羊城宗祠形图》和《本祠坐向论》是记载广州市古地貌、地标的重要文献。

《羊城宗祠形图》和《本祠坐向论》，以文字和平面图表明，广州道全李公祠西边南北向大道为今北京路，西边所辟一巷为今李白巷。宗祠西是拱北楼，东有府学宫，学宫其南有文明门、万寿宫。

这些清乾隆图文，确凿无疑地证明了当年道全李公祠、广州双门底、拱北楼、府学宫、文明门、万寿宫的位置，和考古学相印证，是记载广州市古地貌、地标的重要文献。

（9）《道全祠谱》中《主位谱》应改记四世祖应奎翁为"皇元显四世祖"。《广东通志》记应奎翁为"宋朝"人是错的。志书不能全信。志书、族谱相互以为证，会导致两者记载同时错误。

历史记载，1279 年宋亡元代之，1368 年元亡明代之。而根据明景泰八年（1457 年）黎贞的《陇西堂李氏族谱序》和《主位谱》，确证成秀翁是明朝人，成秀翁又是应奎翁（老大）亲弟弟应壁翁（老二）的长孙，按照世代推演，六世祖成秀翁是明朝人，四世祖应奎翁只能是元朝人。《主位谱》中其他六位四世祖无例外地也全都是"皇元显四世祖"。

从应奎翁先祖的生息年也可以反证：李栋大约生于 1188 年，1273 年南迁广州，李伯（道全）在宋末才从新会西迁台山，李伯的曾孙应奎翁不可能在宋宁宗嘉定（1219 年）中进士。

因此，四世祖应奎翁必定是元朝人。《广东通志》记四世祖应奎翁"宋宁宗嘉定十二年己卯进士"是不正确的。《主位谱》记应奎翁为"皇宋显四世祖"也是不正确的。《主位谱》应改记应奎翁为"皇元显四世祖"。

可知，志书是不能全信的。《广东通志》将应奎翁的出生记早了百多年。有的志书、族谱将李联、李栋、李文庄等人的生卒记早了百多年，其实是志书、族谱相互以为证。

（10）导致许多家谱错接先祖，把联翁世系接在李安政之后，错误的源头就是民国年间的两篇文章。

第一篇是民国增补版《道全祠谱》中民国初期写的《纪所葬之坟墓》一文。此文是《道全祠谱》留给后世的最大败笔、最严重误导，也是导致《道全祠谱》招来后人诘难的根本。

此文无端编出"光绪七年四月二十三日，新宁广海等处裔孙数百人到坟安碑，在石碑上抄出"广州白云山温氏墓碑刻的"明良登丰四大房仝立"，抄出温氏墓重修碑刻的安政"葬从化"，竟就突兀、荒唐、毫无逻辑地编成"联翁，安政翁之长子也"，把联翁世系接在李安政之后。

第二篇是登载于民国某报刊上某人写的《岭南李族溯源》一文，此文不是《道全祠谱》的内容，但又出现在犹他影印版《道全祠谱》后。此文编造说：联翁父为良翁，祖父为安政翁；安政有良、明、登、丰四子，良生联。许多家谱错接先祖就是因为抄录了此文。

此两文愧对祖先，贻误后代。谁抄录了它们，谁就被误。

（11）《道全祠谱》记载错误、不合理、不受采纳的，还有以下事迹：

① 李氏始祖是帝颛顼。认为"李氏，偃姓。其初，帝颛顼高阳氏，有才子八人，其六曰庭坚……是为皋陶"。此言记在何孟伦撰《陇西李氏世系记》内。

②"我李之为姓……是李肇自黄帝。"此言记在李之任撰《重修伯祖一支谱序》内。

③"联翁生于宋高宗十七年，终于宋理宗四年，享寿八十二岁。"此言记在《纪所葬之坟墓》文内。

④ 联翁入粤是因"金元作乱，贾似道专权，高凉犯界"。此言记在《纪所葬之坟墓》文内。

（12）《陇西李氏族系考》一文的不合理和错误，影响了《云步谱》的正确性。

《陇西李氏族系考》是新会云步侃祖后裔、二十一世李香介所撰，被收录在1928年出版的《云步李氏宗谱》中。原文曾登载于民国《尘溪季刊》上，登载时间在民国十四年（1925年）之后若干年，又作为剪报文章出现在犹他影印版《道全祠谱》后。

香介文对李联入粤目的地模糊不清，在如下一系列的记载上是不合理的，不受采纳：

① 对联翁入粤路径的记载和注解，如"自闽入广，别率舟师循鬐阳东

下""鼍阳（今潮州汕江古称鼍江，又名鮀江）""海陵山（新会海中山）"等，违背地理知识。

② 对李联、李栋等先祖的生卒年、入粤年的记载记早了百多年。

③ 认为栋翁在外带兵，是命大儿子侃领头迁广州、迁番禺、迁新会，栋翁没有住过广州高第街，而是年老解甲后从驻兵地直迁新会，卒葬新会。

（13）剪报文章《广东人的来历》是登载于 1932 年某报刊的花边风月文章。

作为剪报文章，《广东人的来历》文出现在犹他影印版《道全祠谱》后，文中列有咸淳九年（1273 年）珠玑巷百户南迁的详细名单和行程，有参考价值，李姓有八户人，但无一人与本书考证有关。

此文有关咸淳八年失妃事件，写了最离谱的苏妃版本，实属花边风月文章。

（14）剪报文章《岭南李族溯源》的奇谈怪论和不合理之处还有：

① 联翁生于宋孝宗丁卯年八月十三日，卒于宋理宗戊子年五月十五日。

②"联翁入粤平崖"是"因逆臣贾似道犯界"。

③ 联翁"溽阳战败阵亡"。

④"联翁入粤平乱时，明登丰三翁之子孙杂居华北，或仍居河南汴梁，间亦有随联翁赴任居岭南。"

⑤ 李安政四子是良、明、登、丰，"良翁居长"。

六、广东从化系李氏入粤始祖

（1）李安政，字仲义，号如冈（如岗），陇西堂广东从化系李氏入粤始祖，一世祖。

李安政生于北宋哲宗元祐五年（1090 年），卒于南宋孝宗淳熙二年（1175 年），寿 85 岁。

南宋高宗绍兴三十一年（1161 年）十一月，李安政任广南东路知广州，也就是任广州路刺史，诰命夫人温氏随行，遂安家定居于粤。南宋孝宗隆兴元年（1163 年）十一月十二日知广州李如冈放罢，居于广州从化吕田水埔村。

南宋孝宗乾道九年（1173 年）八月十六日，温氏夫人卒，葬在广州市白云山西坑永泰乡蒲涧御书阁，墓形猪肝吊胆。南宋孝宗淳熙二年（1175 年）

三月七日，李安政卒，葬于广州从化吕田镇今吕田中学校内，墓形海螺摊舌。

（2）广州白云山御书阁明、良、登三兄弟同葬墓是个虚墓。

广州白云山御书阁温氏墓东侧有明、良、登三兄弟同葬墓，实际上仅是纪念，并非真实，只是个虚墓。安政三子登，实葬从化马鞍山蚁仔地，山形罗裙铺地。

（3）李祐卿，中进士的时间应在南宋理宗淳祐朝（1241—1252年）。

按世代推算和文献考证，李安政后丰房六世祖李祐卿，中进士的时间在南宋理宗淳祐朝（1241—1252年）。《安政公世系》一文写"祐卿公宋淳熙"中进士是不对的。

（4）白云山御书阁之所以得名，有三个可能原因。

第一个原因可能是那里本有康与之顺菴，内有龙蛇飞舞之南宋高宗御书；第二个原因可能是学士李祐卿墓在此，南宋度宗曾赐以"恩袍草色动，仙籍桂花香"的诗句；第三个原因是南宋理宗时，温氏墓得世孙祐卿公承恩修葬，遂名御书阁。

（5）李安政族人所记的子孙姓名、生息地，与李联、李栋族人所记的子孙姓名、生息地毫不相干。李安政与李联毫无关联。

安政生四子：明、良、登、丰。良生一子名茶，分支顺德。茶生一子名昌宜。昌宜生六子：汝明、汝翼、汝霖、汝贤、汝为、汝珍。显然，李良与李联毫无关联，李安政与李联毫无关联。

李安政子孙繁衍星居地在南海、番禺、广州（老七区）、从化、花都、增城、清远、佛冈、龙门、新丰、韶关、连平、惠州、东莞、深圳各邑。2003年重修安政墓、温氏墓的捐资名单基本都是广州市杨箕、天河、程界、棠东、从化、吕田、花都、增城，以及佛冈、新丰的各个村。显然，与李联、李栋的子孙生息地五邑地域李氏是两个分支。

重修墓捐资的发起人台山美籍华人李教授的先祖不会是安政公，之所以有此误会，盖因受了民国年间错接先祖的家谱文章影响。不过，无论如何李教授总还是做了件好事，善哉！

（6）在唐代，李安政和李联有着共同的先祖。

要说李安政和李联毫无关系也不准确，追溯至距今一千二百多年前的唐代，李安政先祖和李联先祖恰是同一人：唐朝中期德宗时西平郡王李晟。

李晟的第十子李宪派生了陇西堂广东从化系李氏入粤始祖李安政一支，李晟的第十一子李愬派生了陇西堂广东五邑系李氏入粤始祖李联一支。

（7）下述说法不受采纳：

① 西平郡王李晟的第二子是李宪。

② 绍兴三十二年（1162 年），李如冈放罢。

③ 安政长子明，生于南宋高宗绍兴三年（1133 年），卒于南宋宁宗嘉泰二年（1202 年）。安政三子登，生于南宋高宗绍兴八年（1138 年），卒于南宋宁宗嘉泰四年（1204 年）。

④ 祐卿公宋淳熙中进士。

⑤ 广州市白云山温太夫人墓东侧墓是二世祖明、良、登三兄弟同葬墓。

2015 年 7 月 10 日

（作者为陇西堂广东五邑系李氏栋祖后裔，伟字辈）

附　录

图1　陇西李氏祖籍地遗址碑（今甘肃省临洮县）

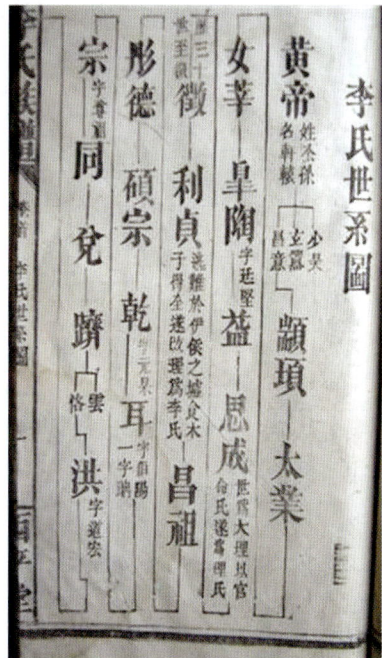

图2　西平堂李氏族谱之一页

图3　今甘肃省临洮县东川槐树里

图4 今甘肃省陇西县"李家龙宫"

图5 南雄珠玑巷李氏大宗祠正门

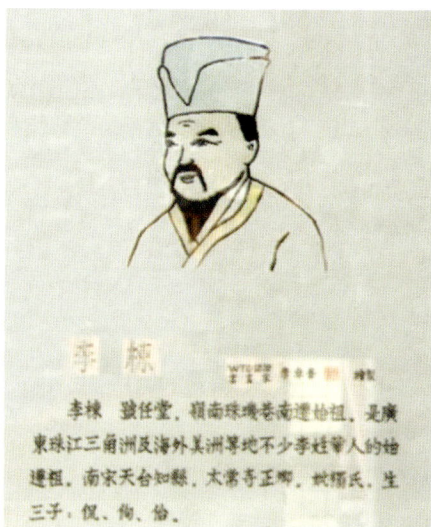

图6　珠玑巷李氏大宗祠李栋画像

图7　珠玑巷李氏大宗祠祭祀祖堂

图8　陇西堂五邑李氏入粤始祖李联墓（位于台山广海甫草乡）

图 9 陇西堂五邑李氏一世祖李栋墓（位于新会大泽五和农场）

图 10 李联墓墓碑

图11　李联祖妣朱、陈氏夫人
墓碑（位于开平岘岗东山黄竹脑）

图12　李栋夫人禤氏墓碑（位于台山）

图13　李怡（道全）墓（位于台山三社）

图 14　李怡（道全）墓碑

图 15　李怡夫人禤氏墓碑

（位于台山筋竹坑）

图 16　李雁云墓（位于台山北陡）

图 17　基述祖与夫人甄氏合葬墓（位于迳头牛仔山，右为墓碑）

图 18　雨生翁（凤初）与夫人余秀英合葬墓（位于迳头牛仔山）

图 19　迳头乡莲塘里祖屋

图 20　祖屋中堂供奉的祖先神位

图 21　逕头乡莲塘里（2007 年 3 月）

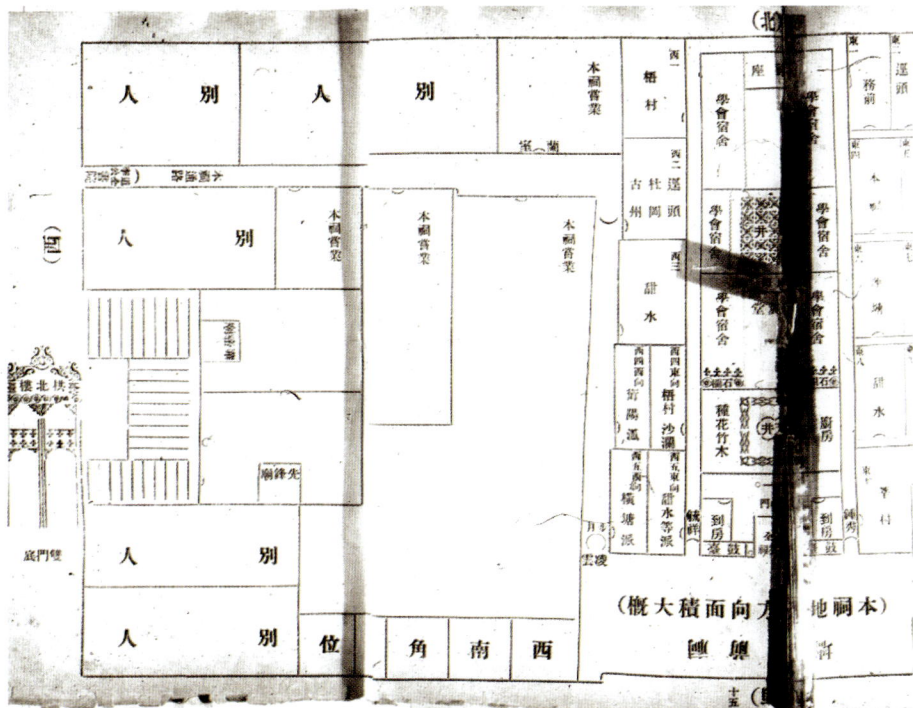

图 22　《道全祠谱》中清乾隆四十二年的《羊城宗祠形图》

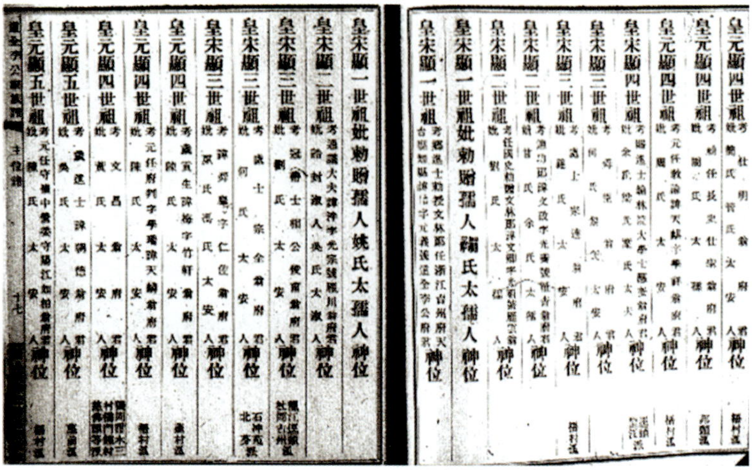

图 23　《道全祠谱》中《主位谱》之一页

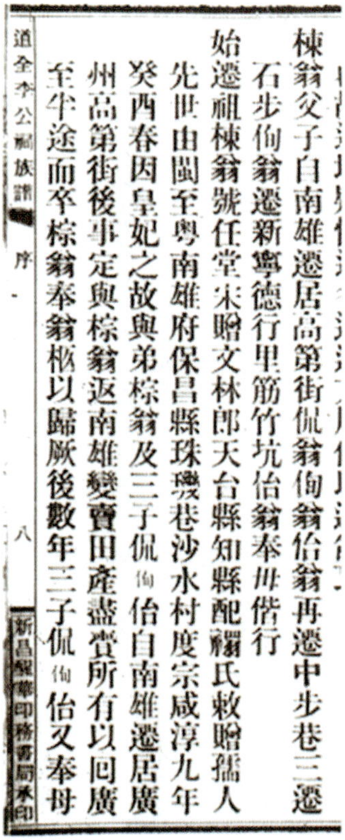

道全李公祠族譜　序　八

棟翁父子自南雄遷居高第街偘翁侚翁佁翁再遷中步巷三遷
石步侚翁遷新寧德行里筋竹坑佁翁奉册偕行
始遷祖棟翁號任堂宋贈文林郎天台縣知縣配禤氏敕贈孺人
先世由閩至粵南雄府保昌縣珠璣巷沙水村度宗咸淳九年
癸酉春因皇妃之故與弟棕翁及三子偘侚佁自南雄遷居廣
州高第街後事定與棕翁返南雄變賣田產盡賣所有以回廣
至半途而卒棕翁奉翁柩以歸厥後數年三子偘侚佁又奉母

新昌醒華印務書局承印

图 24　《道全祠谱》之一页

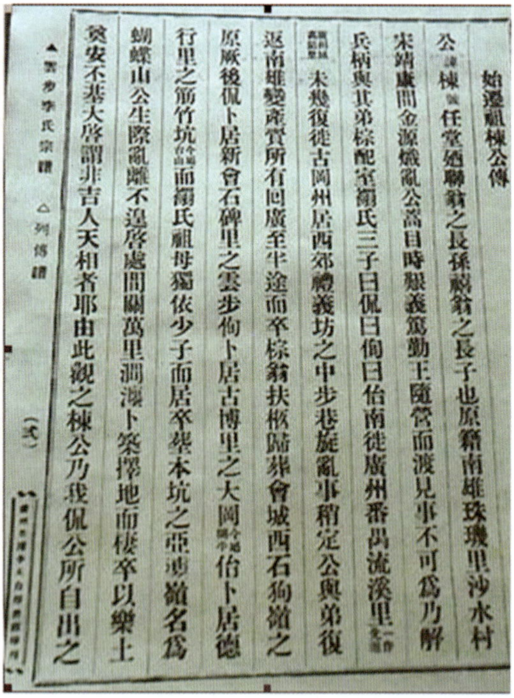

始遷祖棟公傳

公諱棟號任堂殖聯翁之長孫穎翁之長子也原籍南雄珠璣里沙水村
宋靖康間金源熾亂公嵩目時艱義篤勤王隨營而渡見事不可爲乃解
兵柄與其弟棕配室禤氏三子曰偘曰侚曰佁南徙廣州番禺流溪里
末幾復徙古岡州居西郊禮義坊之中步巷旋亂事稍定公與弟復
返南雄變產實所有回廣至半途而卒棕翁扶柩歸葬會城西石狗嶺之
原厥後偘卜居新會石碑里之雲步侚卜居古博里之大岡佁卜居德
行里之筋竹坑而禤氏祖母獨依少子而居卒葬本坑之亞婆嶺名爲
蝴蝶山公生際亂離不遑啓處間關萬里跼蹐卜築擇地而棲卒以樂土
奠安不基大啓謂非吉人天相者耶由此觀之棟公乃我偘公所自出之

雲步李氏宗譜　列傳譜

图 25　《云步谱》之一页

图 26　陇西堂从化系入粤始祖李安政墓（位于广州市从化吕田镇）

图 27　李安政夫人温氏墓（位于广州市白云山蒲涧御书阁）

图 28　李安政墓重修碑
（位于广州市从化吕田）

图 29　李安政夫人温氏墓同治年
重修碑（位于广州市白云山御书阁）

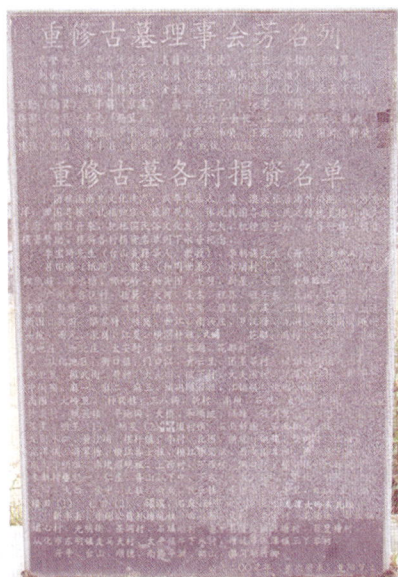

图 30　安政墓重修名列碑

图 31　广州市北京路李白巷

图 32 广州市白云山御书阁温氏墓所在位置（红色五角星处）

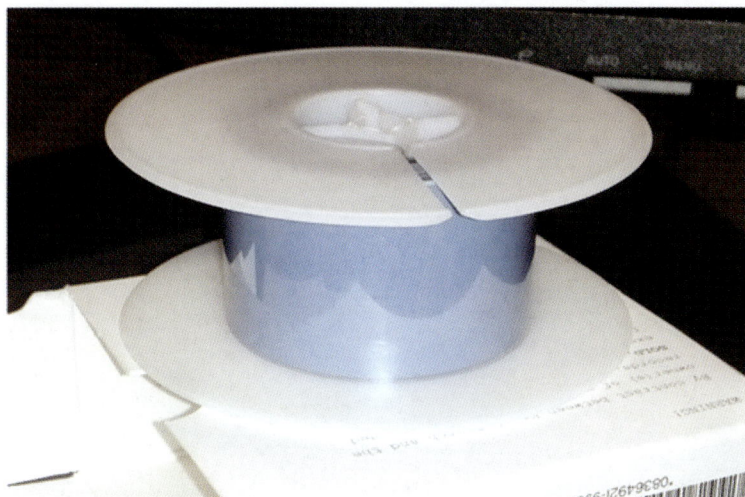

图 33 《道全祠谱》缩微胶卷

图34 李安政墓所在位置（红色箭头处）

图35 潭江水系（新会、台山、开平）和西江水系（鹤山、江门、斗门）图

图36 迳头乡莲塘里（村）和牛仔山墓地位置图